Christa Klus-Neufanger

mit Holz heizen

62 Farbfotos
20 Zeichnungen

Ulmer

Inhalt

Holz – Brennstoff mit Zukunft 4
Und das Ozonloch? 5
Aktive Waldpflege 5
Spaßfaktor inbegriffen 7

Wie kommt das Holz vors Haus? 23
In welcher Form wird Holz verkauft? 23
Wer liefert Holz? 29
Informationen vor Ort 31

Wissenswertes zum Brennstoff Holz 9
Was die Brennbarkeit beeinflusst 9
Feuchtes Holz verschmutzt die Umwelt 11
Eigenschaften von Baumarten 12
Alternativen zu Scheitholz 18
Vergleich mit Erdöl und Erdgas 21

Motorsäge und sonstiges Arbeitsgerät 35
Die Motorsäge 35
Schutzkleidung 42
Was Sie sonst noch brauchen 44

Inhalt

Die Arbeit mit der Motorsäge 47
Arbeitsbeginn 47
Schnitttechniken 49
Spannungen im Holz 51
Die Arbeit im Wald 53
Fällarbeiten 55
Entasten 62
Abschnitte schneiden 65

Die Qual der (Ofen-)Wahl 76
Drei wichtige Funktionen 76
Wirkungsgrad 81
Wie ein Feuer „funktioniert" 81
Bauliche Voraussetzungen für einen Ofen 85
Die Sache mit dem Feinstaub 90
Ofenarten 91

Wie trocknet Holz am besten? 67
Effektive Aufarbeitung 67
Holz klein schneiden 67
Holz spalten 68
Der richtige Lagerplatz 71

Verzeichnisse 100
Literatur 100
Adressen 101
Register 105
Bildquellen 108

Holz – Brennstoff mit Zukunft

Die Preisspirale von Erdöl, Erdgas und Kohle dreht sich immer weiter nach oben. Jeder bekommt das an den Nebenkosten, die sich inzwischen zu einer zweiten Miete entwickelt haben, oder an der Rechnung, die vom Brennstoffhändler oder den Stadtwerken ins Haus flattert, zu spüren. Viele suchen nach einer Alternative zu den herkömmlichen Heizmöglichkeiten und überlegen in diesem Zusammenhang, ob ein Holzofen – als Ergänzung für den vorhandenen Ofen oder als alleiniger Wärmelieferant – die Lösung bringen könnte.

Züngelnde Flammen, ein heimeliges Knistern, eine wohnliche Atmosphäre: Die angenehmen Nebeneffekte eines Holzfeuers, besonders wenn man direkt in die Flammen blicken kann, sind offensichtlich. Und den Rohstoff Holz gibt es eigentlich reichlich in unseren Wäldern, mehr oder weniger direkt vor der Haustür. Man ist beim Nachschub jedenfalls nicht von Pipelines, riesigen Öltankern und der weltpolitischen Großwetterlage abhängig.

Bei manchen kommt jetzt aber trotzdem ein wenig schlechtes Gewissen auf: Sind unsere Bäume nicht schon durch das Waldsterben geschädigt? Können wir guten Gewissens – auch angesichts des Klimawandels – unsere „grüne Lunge" verheizen? Zur Beruhigung: Holz wird in Deutschland zum Großteil aus nachhaltiger Wirtschaft erzeugt. Und nachhaltig wirtschaften

Das Sonnenlicht macht's möglich:
Die Bäume produzieren Holz.

heißt, dass von einer Ressource nicht mehr verbraucht wird, als neu entstehen kann.
Holz wird mit Hilfe von Pflanzen aus Sonnenenergie erzeugt. Diese organische Masse steht erst nach einer Periode der Anreicherung zur Verfügung: Ein Baum muss erst viele Jahre wachsen, ehe er genutzt werden kann. Werden über einen längeren Zeitraum zu viele Bäume abgeholzt, so müssen nachfolgende Generationen mit diesem „Weniger" zurechtkommen, denn es dauert eine Weile, bis das Holzvolumen wieder an den lebenden Bäumen dazu gewachsen ist. Waldbewirtschafter haben dieses Problem schon im 15. Jahrhundert erkannt und sich Gedanken darüber gemacht, wie eine Bewirtschaftung der Wälder auszusehen hat, sodass für jede Generation eine gleich bleibende Menge an Holz zur Verfügung steht. Der Begriff Nachhaltigkeit stammt übrigens aus der Forstwirtschaft!
Bei Erdöl, Erdgas, Steinkohle und auch Uran ist die Menschheit von einer nachhaltigen Nutzung weit entfernt. Diese Stoffe entstanden über einen Zeitraum von 300 Millionen Jahren, innerhalb von „nur" 1000 Jahren werden sie – bei gleich bleibender Nutzung – wahrscheinlich völlig verbraucht sein.

Und das Ozonloch?

Wird Holz verbrannt, so entsteht unter anderem Kohlendioxid, das als Treibhausgas und Verursacher des Ozonlochs in die Schlagzeilen geraten ist. Anders als bei Kohle oder Erdöl wird bei der Verbrennung von Holz aber nur so viel schädliches Kohlendioxid freigesetzt, wie vorher während des Wachstumsprozesses des Baumes der Atmosphäre entzogen wurde. Und bei nachhaltiger Nutzung entsteht auf der Fläche, auf der dieses Holz entnommen wurde, gleich anschließend ein neuer Wald, der durch sein Wachsen schon wieder im Begriff ist, das Treibhausgas der Atmosphäre zu entziehen.

Große Bäume bedeuten also viel gebundenes Kohlendioxid: Diese Feststellung ist auf den ersten Blick richtig. Falsch wäre allerdings die Annahme, dass dies im Hinblick auf eine Fläche mit großen und mächtigen Bäumen immer so bleiben wird. Bei einem Wald handelt es sich schließlich um ein Ökosystem, das in stetigen Auf- und Abbauprozessen begriffen ist. Junge Bäume haben wenig Blattmasse und können noch wenig Kohlendioxid durch das in ihrem Laub enthaltene Chlorophyll binden. Im leistungsfähigen mittleren Alter haben die Bäume viel Blattwerk und bilden dementsprechend viel Holz. Bei jeder Baumart liegt der Leistungshöhepunkt anders und dauert auch unterschiedlich lange. Doch auch Bäume altern und sterben: In der Alterungsphase wächst nicht mehr so viel Holz zu, also wird nicht mehr so viel Kohlendioxid gebunden. Und schließlich sterben Bäume einmal ab und setzen während des Verrottungsprozesses Kohlendioxid frei.

WALDWACHSTUM IN ZAHLEN
Immerhin 30 % der Fläche Deutschlands ist mit Wald bedeckt – das entspricht 11,1 Millionen Hektar. Die Bundeswaldinventur hat einen Vorrat von 320 m^3 Holz pro Hektar quer über alle Baumarten ermittelt.
In den alten Bundesländern wachsen 95 Millionen Kubikmeter jährlich zu, das entspricht 12,1 m^3/ha. Genutzt werden aber nur 8,3 m^3/ha. Der Holzvorrat in unseren Wäldern – er liegt jetzt bei 3,4 Milliarden m^3 – ist also noch im Steigen begriffen.

Aktive Waldpflege

Wer etwas aktiv für den Wald tun will, der nutzt das darin nachwachsende Holz! Und zwar nicht nur die ausgewachsenen Bäume, die einen dicken Stamm haben. Eine 30 oder 40 Meter hohe Fichte

Holz – Brennstoff mit Zukunft

Der Kampf um einen Platz an der Sonne ist hart.

hat im Laufe ihres Lebens Dutzende gleichaltriger und anfangs gleich großer Baumnachbarn verdrängt. Diese Bäume, die vom Wachstum her ins Hintertreffen geraten sind, kümmern erst dahin und sterben später ganz ab. Um diesen Vorgang in Zahlen zu fassen: Stehen am Anfang bis zu 20.000 Fichtensämlinge auf einer 1 Hektar großen Fläche, so verringert sich ihre Zahl innerhalb von 100 Jahren auf einige hundert Exemplare. Der Kampf ums Überleben – in diesem Fall um einen Platz am Licht – ist hart, nicht nur im Tierreich.

In unseren Wäldern ist es die Aufgabe des Waldbesitzers, den Ausleseprozess zu begleiten und gegebenenfalls zu lenken. Meist im zehnjährigen Turnus schaut er sich seine Flächen an und entnimmt kranke und krumme Exemplare. Daneben werden auch Bäume gefällt, damit die anderen besser wachsen können und vitaler sind. So können sie Sturm und Schnee besser standhalten und fallen nicht beim ersten Windstoß um. Solche Hiebsmaßnahmen, auch Durchforstungen genannt, sind für den Waldbesitzer wirtschaftlich sehr aufwändig, da sie viel Zeit kosten, gleichzeitig aber der Erlös für die entnommenen dünnen Bäume vergleichsweise gering ist. Umso besser für den Forstbetrieb, wenn er dieses schwache Holz als Brennholz verkaufen kann bzw. wenn jemand bereit ist, das Holz in den Beständen direkt aufzuarbeiten: Das ist dann ein sogenannter Selbstwerber. Mit Ihrem Einsatz oder Ihrer Entscheidung für den Brennstoff Holz tun Sie also etwas für Erhalt und Aufbau stabiler und gesunder Wälder!

Neben dem Durchforstungsholz ist auch das Waldrestholz für die Brennholzgewinnung interessant. Es fällt als „Abfall" bei der Gewinnung von Stammholz und Holzabschnitten und bei Pflege- und Verjüngungsmaßnahmen an. Kronenmaterial, Äste, minderwertige Stammabschnitte ebenso wie schwache Bäume gehören dazu: alles Holz, das für eine „normale" Nutzung qualitativ zu schlecht oder für eine kostendeckende Aufarbeitung durch die Waldarbeiter zu dünn ist. Negative Auswirkungen auf das Ökosystem Wald sind durch diese Entnahme nicht zu erwarten, da nährstoffreiche Bestandteile wie Laub oder Nadeln vor Ort verbleiben. Die Aufarbeitung kann sogar vorteilhaft sein, da das Waldrestholz Schädlingen, die bei einer Massenvermehrung mehrere Hektar Wald zum Absterben bringen können, als Brutstätte dienen kann.

> **SO VIEL PLATZ BRAUCHT EIN BAUM**
> Eine 100jährige freistehende Buche hat eine Höhe von 25 Metern und eine Standfläche von 160 m². Ihre Krone ist 14 Meter breit, das Kronenvolumen beträgt 2700 m³. Die Holzmasse beträgt 15 m³. Von den 12 000 Kilogramm Trockengewicht sind allein 6000 Kilogramm reiner Kohlenstoff.

Spaßfaktor inbegriffen

Nach all den Ausführungen zur positiven ökologischen Bewertung von Brennholz sowie zu den finanziellen Vorteilen, die mit der Selbstwerbung verbunden sind, muss der Punkt „Spaß am Holzmachen" unbedingt Erwähnung finden.

Die Arbeit in Wald spart nämlich nicht nur Geld, sondern macht auch noch Freude. Die Betätigung an der frischen Luft ersetzt so manche Stunde im Fitnessstudio und ist eine ganz neue,

Gespaltenes Holz trocknet schneller.

intensive Art, die Natur zu erleben. Zwar ist die Brennholzselbstwerbung echte Knochenarbeit, aber wer sich nicht selbst unter den Zwang setzt, eine bestimmte Menge Holz in einer bestimmten Zeit zu machen, kann den Stunden im Wald sehr viel abgewinnen. Und wenn man mit anderen gemeinsam zugange ist, macht es doppelt Spaß!

Ausgesprochen stimmungsvoll ist es, wenn man nach einiger Zeit die Motorsäge wieder abstellt und erst einmal bewusst die Ruhe und das Zwitschern der Vögel hört, das leise Rauschen der Bäume erlebt. Und mit richtigem Appetit nach

Viele Waldbesitzer sehen es lieber, wenn das Reisig wegen der darin enthaltenen Mineralstoffe im Wald verbleibt.

der körperlich anstrengenden Arbeit schmeckt die Brotzeit doppelt so gut.

Auch Kinder helfen gerne beispielsweise beim Heraustragen der Abschnitte mit, natürlich so, dass sie nicht körperlich überfordert sind. Sie fühlen sich als vollwertige Mitglieder des Teams, wenn sie etwa an den entasteten Stücken Meterabschnitte abmessen und markieren dürfen oder einfach das Picknick im Wald vorbereiten. Direkt „vor Ort" kann man dem Nachwuchs auch die Entstehung der Bäume und die vielschichtigen Beziehungen innerhalb des Waldes nahe bringen. So lassen sich auch Jugendliche vom Computer wegbringen und für den Wald und die Natur begeistern.

Und voller Stolz stehen am Ende des Tages dann alle vor dem hoffentlich imposanten Brennholzstapel, der ein angenehm warmes Feuer in einem der folgenden Winter garantiert. Diese Wärme hat man dann im wahrsten Sinne des Wortes richtig verdient: Schließlich hat man alles selbst gesägt, gespalten und aufgeschichtet.

Wissenswertes zum Brennstoff Holz

Jeder hat dieses Phänomen wahrscheinlich schon beobachtet: Manches Holzstück „brennt wie Zunder" und ist innerhalb kurzer Zeit zu Asche zerfallen, andere Scheite glimmen über Stunden vor sich hin und verbreiten lang anhaltende wohlige Wärme. Oft stellt man sich dann die berechtigte Frage: Warum brennt Holz eigentlich unterschiedlich gut?

Dazu ein Ausflug in die Chemie: Holz setzt sich zu etwa 50 % aus Kohlenstoff, 43 % aus Sauerstoff und 6 % aus Wasserstoff zusammen. Weniger als 1 % machen jeweils Stickstoff und Mineralstoffe wie beispielsweise Kalzium, Magnesium, Phosphor, Mangan, Eisen und Schwefel aus. Die drei „Hauptbestandteile" Kohlenstoff, Sauerstoff und Wasserstoff werden im Baum zu verschiedenen organischen Verbindungen zusammengesetzt, die unterschiedliche Aufgaben erfüllen müssen.

Betrachtet man einen in Längsrichtung aufgeschnittenen Baumstamm, so fallen zuerst längs verlaufende Bahnen ins Auge, die sich aus einzelnen langen und schmalen Zellen zusammensetzen. In ihnen werden Wasser und Nährstoffe aus den Wurzeln in die Baumkrone befördert. Die Zellwände dieser Leitungsbahnen bestehen aus **Cellulose**, sie macht 40 bis 50 % des Holzes aus. Um die Zellwände zu versteifen und druckresistenter zu gestalten, wird im Inneren der Zellwände **Lignin** eingelagert. Holz besteht zu 20 bis 30 % aus Lignin. Ebenfalls eine stützende Funktion haben **Hemicellulosen** und **Polyosen**. Sie fungieren außerdem als Klebstoff in der Zelle.

Besonders Nadelbäume enthalten oft zusätzlich **Harze** und **ätherische Öle**, die im lebenden Baum unter anderem dazu dienen, Wunden an der Pflanze zu verschließen. Diese wasserabweisenden Stoffe werden der Gruppe der Terpene zugeordnet. Im Brennholz sorgen sie für eine leichtere Entzündbarkeit.

Was die Brennbarkeit beeinflusst

In Holz ist also eine bestimmte Menge Energie enthalten, die genutzt werden kann. Wie viel das genau ist, hängt vor allem von der chemischen Zusammensetzung, die sich auf den Heizwert auswirkt, und vom Wassergehalt des Holzes ab.

Der Heizwert

Jedes Stück Holz enthält die erwähnten drei Grundelemente Lignin, Cellulose und Hemicellulose/Polyose in individuell verschiedenen Mengen. Unterschiede gibt es sowohl zwischen den einzelnen Baumarten als auch innerhalb einer Baumart. Hier kommt es vor allem darauf an, ob ein Baum langsam oder schnell gewachsen ist und wie breit demzufolge seine Jahrringe sind, bzw. wie alt er ist.

Betrachtet man Holz vor allem hinsichtlich seiner Eigenschaften als brennbarer Stoff und seines Vermögens, Wärme zu liefern, so können wir die verschiedenen Baumarten am besten mit Hilfe des Heizwerts vergleichen. Er wird meist in Kilojoule/kg (KJ/kg) oder Kilowattstunde/kg (kWh/kg) angegeben. Dieser Wert macht eine Aussage darüber, welche Wärmemenge aus einem Kilogramm eines bestimmten Brennstoffs gewonnen werden kann. Vergleichswerte zu Öl oder Gas sind auf Seite 21 dargestellt.

Je mehr Lignin eine Holzart enthält, desto höher ist ihr Energiegehalt, denn der Heizwert von Lignin liegt mit 8,3 kWh/kg höher als der von Cellulose mit 4,9 kWh/kg. Nadelbäume haben grundsätzlich einen höheren Gehalt an Harz und Lignin als Laubbäume. Daraus zu schließen, dass auch ihr Energiegehalt höher wäre, ist aber falsch. Laubbäume haben nämlich größtenteils eine höhere Dichte. Und eine höhere Dichte bedeutet, dass bei den Laubhölzern der Anteil der Zellwandmasse pro Raumeinheit größer ist als beim Nadelholz. Anders ausgedrückt: Beim Nadelholz liegt ein höheres Porenvolumen vor, das Holz enthält also mehr Luft. Dies hat zur Folge, dass Laubholz aufs Volumen bezogen meist mehr Energie enthält als Nadelholz.

> **PRAXISTIPP**
>
> Die Verkaufsart hat beim Brennholz Konsequenzen darauf, „wie viel Wärme" man erhält: Wird nach Gewicht gekauft, so ist man mit Nadelholz besser beraten, weil hier der Heizwert pro Kilogramm hoch ist. Wird nach Raummaßen gekauft, so fährt man mit Laubholz besser, da hier aufgrund der höheren Dichte der Heizwert höher ist.

Im Allgemeinen unterscheidet man bei den Baumarten – ganz gleich, ob es sich um Nadel- oder Laubbäume handelt – zwischen Weichhölzern und Harthölzern, wobei eine Holzdichte von 0,55 g/cm³ den Grenzwert zwischen beiden Gruppen darstellt: Alles, was darüber liegt, gilt als Hartholz, alles darunter als Weichholz. Aus der nachfolgenden Tabelle ist ersichtlich, dass die meisten Laubhölzer zum Hartholz gehören. Häufig werden beide Begriffe synonym verwendet. Linde, Pappel und Weide gehören aber zum Weichholz. Wer also „Laubholz" als Brennholz erwirbt, sollte sich vorher informieren, welche Baumarten im Verkaufssortiment enthalten sind: Die Auskunft „Laubholz" allein ist nicht ausreichend! Eine genaue Bewertung der einzelnen Baumarten erfolgt ab Seite 13.

Der Wassergehalt

Auf den Heizwert hat auch der Wassergehalt des Holzes entscheidenden Einfluss: Im lebenden

Dichte von Weich- und Harthölzern*

Weichhölzer (bis 0,55 g/cm³)	
Fichte	0,41 g/cm³
Tanne	0,41 g/cm³
Kiefer	0,51 g/cm³
Douglasie	0,47 g/cm³
Lärche	0,55 g/cm³
Linde	0,52 g/cm³
Pappel	0,41 g/cm³
Weide	0,52 g/cm³
Harthölzer (über 0,55 g/cm³)	
Eiche	0,67 g/cm³
Bergahorn	0,59 g/cm³
Esche	0,67 g/cm³
Buche	0,68 g/cm³
Hainbuche	0,75 g/cm³
Birke	0,64 g/cm³
Hasel	0,56 g/cm³
Ulme	0,64 g/cm³

*Rohdichte verschiedener Holzarten im absolut trockenen Zustand, nach Knigge-Schulz.

Baum kann bis zu 60 % der Gesamtmasse aus Wasser bestehen. Um dieses Wasser zu verdampfen, werden pro Kilogramm Wasser etwa 0,7 kWh Energie benötigt. Erst wenn das Wasser aus dem Holz verdampft ist, setzt die eigentlich Verbrennung und damit die Wärmefreisetzung ein. Je geringer der Wassergehalt eines Holzes ist, desto mehr Energie kann also für die Wärmeerzeugung freigesetzt werden und desto größer ist auch der Heizwert.

Manche Brennwertkessel sind in der Lage, die Wärmeenergie, die in Form von Wasserdampf mit den Rauchgasen durch den Kamin entweicht, zu nutzen. Die Energieausbeute, die „nutzbare Wärme", vergrößert sich dadurch. Dieser höhere Wert wird als Brennwert bezeichnet. Holzöfen sind zu dieser Nutzung nicht in der Lage. Wer effektiv heizen will, muss also für einen möglichst geringen Feuchtigkeitsgehalt des Holzes sorgen. Wie man Holz am besten trocknet und lagert, erfahren Sie ab Seite 67.

Um die Feuchtigkeit von Holz zu bestimmen, wird üblicherweise das Frischgewicht einer Holzprobe mit dem Trockengewicht in Beziehung gesetzt. Dazu wird meist eine Holzprobe gewogen und dann im Ofen bei 103 °C über etwa 12 Stunden getrocknet.

Die Holzfeuchtigkeit ergibt sich dann nach der Formel:

$$\text{Holzfeuchtigkeit} = \frac{\text{Frischgewicht} - \text{Trockengewicht}}{\text{Trockengewicht}}$$

(angegeben in %)

Heizwert von Nadel- und Laubhölzern

Wassergehalt (in %)	Nadelholz (Heizwert in kWh)	Laubholz (Heizwert in kWh)
0	5,2	5
5	4,91	4,72
10	4,61	4,43
15	4,32	4,15
20	4,02	3,86
25	3,73	3,58
30	3,44	3,3
35	3,14	3,01
40	2,85	2,73
45	2,55	2,44
50	2,26	2,16
55	1,97	1,59

Beispielrechnung: Der Heizwert von Laubholz mit einem Wassergehalt von 30 % lässt sich folgendermaßen berechnen: 70 % × 5 kWh − 30 % × 0,7 kWh = 3,3 kWh

Kennt man die Holzfeuchtigkeit, so kann daraus auch der Heizwert berechnet werden.
Dabei geht man nach folgender Formel vor:

$$\text{Heizwert} = \text{Heizwert der Trockenmasse} \text{ minus } \text{Verdampfungswärme des Wasseranteils}$$

Setzt man voraus, dass sich (ausgehend von absolut trockenem Holz!) aus 1 Kilogramm Nadelholz durchschnittlich 5,2 kWh und aus 1 Kilogramm Laubholz durchschnittlich 5 kWH erzielen lassen, so kommt man bei unterschiedlichem Wassergehalt auf folgende Werte (in kWh, siehe Tabelle rechts oben):

Eine ausführlichere Tabelle, die den Heizwert in Abhängigkeit von den wichtigsten Baumarten, Wassergehalt und Maßeinheit darstellt, findet sich in der Tabelle auf Seite 22.

Feuchtes Holz verschmutzt die Umwelt

Ein hoher Wassergehalt senkt nicht nur die Energieausbeute, sondern wirkt sich auch auf den Verbrennungsvorgang aus: Er senkt die Temperatur im Feuerraum, in dem das Holz verbrennt, und auch der Abgase, die durch den Schornstein entweichen. Eine niedrige Verbrennungstemperatur bewirkt, dass nicht mehr alle Holzbestandteile vollständig verbrennen (siehe auch Seite 81 f.). Die Folge: Unverbrannte Gase, die Holzteer und Holzessig enthalten, gelangen durch den Schornstein in die Umwelt und verschmutzen sie, Teer- und Rußablagerungen schlagen sich wie eine isolierende Schicht im Schornstein und in den Rauchgaszügen nieder und behindern die Wärmeabgabe durch die Heizflächen. Dadurch kommt es zu einem weiteren Wärmeverlust. Für alle Anlieger stellt der austretende stinkende Qualm außerdem ein großes Ärgernis dar und die Umwelt wird nachhaltig geschädigt.

Wie erkennt man trockenes Holz?

Wird waldfrisches Holz gelagert, dann sinkt sein Feuchtigkeitsgehalt. Absolut trocken wird es unter „normalen Bedingungen" allerdings nie. Nach mindestens einem Jahr vorschriftsgemäßer Lagerung (ab Seite 67 beschrieben) enthält es immer noch 15 bis 20 % Wasser. Dieser Zustand wird als „lufttrocken" bezeichnet. Nur solches Holz darf verfeuert werden. Schwankungen von etwa 5 % können im Übrigen abhängig vom Wetter immer auftreten: An Herbsttagen mit hoher Luftfeuchtigkeit steigt auch der Wassergehalt im Holz, heiße Sommertage drücken die Werte nach unten.

Wer selbst Holz einschlägt und dann lagert, kann die Trocknungsperiode seines Holzes zeitlich genau einordnen. Wer Holz von einem Händler kauft oder die Lagerdauer aus verschiedenen Gründen nicht bestimmen kann, hat folgende Möglichkeiten:

- **Gewicht:** Wer sich nicht darüber im Klaren ist, ob ein Stück Holz genügend abgelagert ist, vergleicht es mit einem trockenen Stück gleicher Baumart, dessen Lagerzeit er kennt: Das feuchte Scheit wird fast doppelt so schwer sein wie das trockene.
- **Rinde:** Einen Anhaltspunkt kann auch der Rindenzustand sein: Lässt sie sich nur schwer lösen, so ist das Holzstück noch relativ frisch, vom trockenen Scheit lässt sie sich dagegen leichter abmachen.
- **Farbe:** Abgelagertes Holz ist etwas dunkler gefärbt als frisches der gleichen Holzart. Die Färbung sollte im Übrigen gleichmäßig sein, denn dunkle Flecken können auf Verstockungen, das ist ein Befall durch holzzerstörende Pilze, die den Heizwert herabsetzen, hinweisen (siehe Seite 71).
- **Verbrennung:** Sie können auch probeweise ein Stück Holz mit der Schnittfläche nach vorn in den Ofen legen: Treten beim Verbrennen deutlich sichtbar Wasserbläschen oder Wasserdampf aus und zischt und pfeift es beim Verbrennen, so ist der Wassergehalt eindeutig zu hoch. Solches Holz sollte noch länger getrocknet werden.
- **Feuchtemessung:** Wer ganz auf Nummer sicher gehen will, kann den Brennholzhändler bitten, mit einem Feuchtemesser den Wassergehalt zu bestimmen. Dieses Gerät misst den Widerstand zwischen zwei Elektroden: Nasses Holz leitet den elektrischen Strom schneller, bei trockenem ist der Widerstand höher. Ergeben sich mehrmals grenzwertige Messergebnisse über 20 %, dann sollte das Holz besser noch einige Wochen gelagert werden.

Wenn Sie bei eigenem Holz unsicher sind, können Sie auch Ihren Schornsteinfegermeister um eine Messung bitten.

Eigenschaften von Baumarten

Wer Brennholz kaufen oder selbst Holz machen will, sollte die verschiedenen Baumarten unterscheiden können. Dann sind die Anweisungen des Waldbesitzers leichter nachvollziehbar und außerdem ist man sich sicher, dass die gekaufte Buche auch wirklich Buche ist. Für die Identifizierung bieten sich Rinde, Knospen sowie das Holz an. Blätter oder Nadeln sind bei gekauftem Holz natürlich nicht mehr zu sehen. Der Holzeinschlag erfolgt bevorzugt in der Vegetationsruhe, wenn keine Blätter an den Bäumen hängen. Wer sich da nicht mit anderen Mitteln zu helfen weiß, dem hilft beim Laubholz nur der Blick auf den Waldboden, auf dem vielleicht noch ein paar vertrocknete Blätter des Vorjahres zu entdecken sind.

Relativ große Variationen treten je nach Alter bei der Rinde der Bäume auf: In der Jugend ist sie immer glatt, mit zunehmendem Alter bildet sich bei manchen Arten dann die sogenannte Borke aus, die von außen her abstirbt. Die besonderen Muster, die dabei entstehen, sind für die jeweilige Baumart spezifisch: längsrissig oder querrissig, Ablösung in Platten oder Querstreifen. Auch anhand des Querschnitts eines Stammes oder Astes lässt sich die Baumart bestimmen. Wichtige Hinweise liefern dabei die Jahrringe, die sich jedes Jahr ringartig um das Holz des Vorjahres legen: Das zu Beginn der Vegetationszeit gebildete Frühholz ist heller als das zum Jahresende gebildete Spätholz. Im Frühholz sind manchmal besonders große runde Gefäße erkennbar (Esche, Eiche). Diese Hölzer heißen ringporig im Unterschied zu den zerstreutporigen, bei denen die Gefäße das ganze Jahr über die gleiche Größe haben. Der innere abgestorbene Teil eines Stammes kann sich durch die Einlagerung von Gerb- oder Mineralstoffen verfärben (Kiefer, Lärche, Eiche), dann spricht man von **Kernholz**. Das äußere, noch Wasser führende Gewebe heißt **Splintholz**.

Als Maßeinheit wird hier die Energie pro Raummeter (abgekürzt rm oder Rm) angegeben. Wie ein Raummeter definiert ist und wie viel Holz darin enthalten ist, steht auf Seite 26.

Ahorn
Aussehen: Vor allem Bergahorn wird als Brennholz genutzt. In der Jugend ist die Rinde glatt und dunkelgrau, später felderartig abreißend. Blätter fünflappig, am Rand gezähnt, Knospen eiförmig und grün.
Holz: fast weiß, selten Farbkern
Heizwert: 1900 kWh/rm bzw. 4,1 kWh/kg
Bewertung: Heizwert etwas unter der Buche, jedoch ähnliches Brennverhalten wie Buche

Birke
Aussehen: rotbraun glänzende Rinde wird bald weiß. Blätter glänzend grün, rundlich, dreieckig und an den Enden zugespitzt. Knospen stumpf eiförmig, matt purpurbraun
Holz: gelblich weiß. Große Verstockungsgefahr, daher ist sorgfältige Lagerung wichtig!
Heizwert: 1900 kWh/rm bzw. 4,3 kWh/kg
Bewertung: oft für offene Kamine verwendet, verursacht trocken kaum Funken, schönes bläuliches Flammenbild, angenehmer Geruch. Leicht entzündbar, brennt relativ zügig ab.

(Rot-)Buche

Aussehen: glatte, silbergraue Rinde, eiförmige, zugespitzte, glatte Blätter, spindelförmige Knospen abwechselnd links und rechts am Trieb

Holz: im Schnitt leicht rötlich (deshalb der Name, der sich auf die Holzfarbe bezieht), frisch geschnittenes Holz sehr hell, glatte Schnittflächen, selten mit Rotkern (nicht qualitätsmindernd)

Heizwert: 2100 kWh/rm bzw. 4,2 kWh/kg

Bewertung: das „klassische" Brennholz mit viel Glut und gleichmäßiger, lang anhaltender Wärme. Ansprechendes Flammenbild, fast ohne Funkenspritzer. Gut geeignet für Öfen mit Fenster und offene Kamine

Eiche

Aussehen: grünlich graue bis silbergraue Rinde, schon früh von tiefen Längsrissen durchzogen. Unverwechselbare gelappte, abgerundete Blätter; Knospen fast zylinderförmig, gehäuft an den Triebspitzen

Holz: riecht frisch deutlich nach Essig (Gerbsäure!); gelblich-weißer Splint und honiggelbes bis hellbraunes Kernholz heben sich deutlich voneinander ab. Muss aufgrund seines Gerbsäureanteils länger trocknen als anderes Holz. Zum Verbrennen der Gerbsäure müssen hohe Temperaturen erreicht werden (gut trocknen!).

Heizwert: 2100 kWh/rm bzw. 4,2 kWh/kg

Bewertung: etwas höherer Heizwert als Buche, brennt oft über viele Stunden, angenehmes Knistern. Für Kamine nicht geeignet, da wenig attraktives Flammenbild, spritzende Glutstücke. Gerbsäure kann die Abluftrohre empfindlich angreifen.

Eigenschaften verschiedener Baumarten

Erste Wahl bei allen Öfen (Kachelofen, Kaminofen), die v. a. der Wärmegewinnung dienen (hohe Temperatur neutralisiert Gerbsäure)

Erle
Aussehen: häufigster Vertreter: Schwarzerle. Rinde erst grünlich-braun mit rötlichen Poren, später schwarzbraune, kleinschuppige Borke. Breit eiförmige Blätter, an der Spitze mit kleiner Einkerbung. Knospen lang gestielt, verfärben sich von oben her purpurfarben
Holz: Neigung zum Verstocken, sollte möglichst rasch getrocknet werden. Frisch eingeschlagen färbt es sich orange
Heizwert: 1500 kWh/rm bzw. 4,1 kWh/kg
Bewertung: geringerer Brennwert als Buche, gut zu spalten

Esche
Aussehen: Rinde erst glatt und grünlich grau, später aufreißend und netzartige, graubraune bis schwarze Borkenfelder bildend. Blätter bestehend aus etwa 10 gegenständigen, gestielten Fiederblättchen; markante schwarze, kantige Knospen
Holz: gelb bis weiß („semmelfarben"), schokoladenbrauner Farbkern möglich. Frisch geschnitten leicht süßlich riechend
Heizwert: 2100 kWh/rm bzw. 4,2 kWh/kg
Bewertung: Heizwert etwa wie Buche, noch schöneres orangefarbenes Flammenbild; wunderbar für offene Kamine, da fast keine Funkenspritzer, sehr gleichmäßige Verbrennung. Relativ teuer, sehr schwer zu spalten, selten zu bekommen

15

Fichte

Aussehen: Rinde erst hell rötlichbraun und leicht schuppig, später eher grau- bis rotbraun, in runden Schuppen abblätternd. Vierkantige, einheitlich grüne, spitze, glänzende Nadeln, oberseits rund um den Trieb sitzend, unterseits nach zwei Seiten geteilt

Holz: relativ hell gelblichweiß, dunkelt unter Lichteinfluss ab, Jahrringgrenzen gut erkennbar. Weicher roter Kern spricht für Rotfäule (qualitätsmindernd).

Heizwert: 1500 kWh/rm bzw. 4,5 kWh/kg

Bewertung: brennt schnell an und schnell ab, daher schnelle Wärme und hohe Brenntemperaturen. Dünne Scheite gut zum Anfeuern; Flammenbild ist sehr lebhaft, verbrennt oft laut spritzend und mit heftigem Funkenflug. Harzgehalt bei ausreichender Trocknung kein Problem bzgl. Verrußung. Mit Abstand preiswertestes Holz!

Hainbuche

Aussehen: oft in Mischbeständen mit Buche oder Eiche wachsend. Rinde glatt und grau bis grüngrau, mit auffälligen Ausbuchtungen im Längsverlauf. Häufig drehwüchsig wechselständige, länglich-eiförmige Blätter, Rand scharf doppelt-gezähnt. Sehr dünne, spitze Knospen, dicht an den Trieb gedrückt

Holz: gräulich bis gelblich weiß, deutlich unregelmäßiger Faserverlauf

Heizwert: 2200 kWh/rm bzw. 4,2 kWh/kg

Bewertung: hervorragendes Brennholz (das schwerste unter den einheimischen Hölzern), von Hand außerordentlich schwer zu spalten

Eigenschaften verschiedener Baumarten

Kiefer

Aussehen: Rinde zunächst graugelb, später orangerot. Im Alter: orangefarbener Bereich auf die Krone beschränkt, unten Rinde auffallend rissig und dick. Nadeln zu zweit an einem Trieb, in sich leicht gedreht
Holz: Kernholz rötlich gelb, später rötlich braun. Splintholz (2 bis 10 cm breit) meist gelblich weiß gefärbt
Heizwert: 1700 kWh/rm bzw. 4,4 kWh/kg
Bewertung: brennt sehr gut, relativ hoher Heizwert, wenig Glut. Für offene Kamine nicht geeignet, weil Harz- und Wassereinschlüsse beim Verbrennen in den Raum „geschossen" werden

Lärche

Aussehen: Rinde erst glatt und graubraun, später dunkelrot-braune, innen auffallend karminrote Borke. Verliert im Winter ihre weichen, in Büscheln wachsenden Nadeln
Holz: starker Farbunterschied zwischen gelbem Splint und leuchtendrotem bis rötlichbraunem Kern. Jahrringe deutlich erkennbar
Heizwert: 1700 kWh/rm bzw. 4,4 kWh/kg
Bewertung: wie Fichtenholz, lediglich geringe Glutbildung

> **PRAXISTIPP**
> An der Splintbreite lässt sich Kiefern- von Lärchenholz gut unterscheiden: Der Splintbereich von letzterer Baumart ist deutlich weniger breit, da sie schon sehr früh Kernholz bildet.

Linde
Aussehen: in Mitteleuropa mit zwei Arten auftretend: Winter- und Sommerlinde. Rinde erst glatt und grünlich grau bis braun, später flache Borke mit rötlich schimmernden Rissen. Blätter fast herzförmig rund, auf der Unterseite mit Achselbärten (bei Winterlinde orange, bei der Sommerlinde hell gefärbt). Knospen auffallend rot
Holz: sehr weich, homogen gelblich weiß. Muss sorgfältig gelagert werden, da anfällig für Pilzbefall
Heizwert: 1500 kWh/rm bzw. 4,1 kWh/kg
Bewertung: für Laubholz relativ niedriger Brennwert, gut spaltbar. Eignet sich sehr gut als „Sommerholz", wenn also nur für kurze Zeit etwa am Abend mit wenig Energie etwas Wärme erzeugt werden soll

Pappel
Aussehen: mit vielen verschiedenen Arten auftretend. Im Wald am häufigsten: Die Aspe oder Zitterpappel mit auffallend glatter Rinde und großen rautenförmigen Ausbuchtungen. Eiförmiges Blatt mit sehr kurzer Spitze und etwas gekräuseltem Rand, das sich beim leisesten Wind bewegt (Zitterpappel!)
Holz: schmutzigweiß bis gelblich weiß. Aufgrund langer Fasern schlecht zu spalten
Heizwert: 1200 kWh/rm bzw. 4,1 kWh/kg
Bewertung: geringer Brennwert, deshalb geringer Preis. Eignet sich gut als „Sommerholz", wenn Sie es nicht so warm haben wollen

Tanne
Aussehen: dunkelgraue Rinde, in der Jugend mit Harzblasen, im Alter in Felder zerbrechend. Nadeln nach zwei Seiten gescheitelt, unterseits mit schmalen weißen Bändern
Holz: gelblich bis rötlich weiß, Jahrringgrenzen gut erkennbar
Heizwert: 1500 kWh/rm bzw. 4,5 kWh/kg
Bewertung: wie Fichtenholz, geringe Glutbildung. Gut zum Anfeuern geeignet

Weide
Aussehen: Am häufigsten im Wald sind Silberweide und Salweide. Rinde erst dünn, weißgrau bis grünlich, später dicke, längsrissige Borke. Blätter der Salweide mit dunkelrotem, behaartem Stiel. Eiförmige Knospen glänzend rot. Silberweiden haben oberseits seidig weiß behaarte Blätter, Knospen sind klein und grau behaart.
Holz: meist auffällig breite Jahrringe, deutlicher Unterschied bei Splint und Kern
Heizwert: 1400 kWh/rm bzw. 4,1 kWh/kg
Bewertung: als Brennholz wenig geeignet. Brennwert ähnlich gering wie Pappel. Eignet sich sehr gut als „Sommerholz", wenn Sie es mal nicht so warm haben wollen.

Alternativen zu Scheitholz

Holz wird meist in Form von Scheitholz als Energieträger verwendet. Holzpellets, Hackschnitzel und Holzbriketts sind allerdings gleichfalls sehr beliebt. Diese drei Energieträger können allerdings nicht vom Endverbraucher erzeugt werden, da hierfür aufwändige Maschinen bzw. im Fall von Hackschnitzeln auch große Lagerräume notwendig sind. Einige Bezugsquellen für diese drei Formen werden auf Seite 104 aufgelistet.

Holzpellets
Neben dem traditionellen Scheitholz sind in den letzten Jahren die sogenannten Holzpellets gewaltig auf dem Vormarsch, die in speziell dafür konzipierten Einzelöfen und Zentralheizungen eingesetzt werden. Sie bestehen aus unbehandelten und zerkleinerten Holzabfällen wie Wald-

> **ERGIEBIG UND SCHADSTOFFARM**
> Der Heizwert von 1 Kilogramm Holzpellets entspricht dem von einem halben Liter extra leichtem Heizöl oder einem halben Kubikmeter Erdgas.

Alternativen zu Scheitholz

restholz oder Spänen, die dann unter hohem Druck zu 10 bis 30 Millimeter langen, rund 5 Millimeter dicken Würsten zusammengepresst werden. Ein Bindemittel ist dafür nicht notwendig, für Zusammenhalt sorgt das im Holz vorhandene Lignin.

Aus ökologischer Sicht werden Pellets sehr positiv eingestuft, denn sie sind sehr viel homogener als Holzscheite und beim Verbrennen bleibt nur wenig Asche (unter 0,5 %) zurück. Nachdem die Restfeuchte bei unter 10 % liegt, ist auch eine besonders schadstoffarme Form der Verbrennung gegeben, die in Bezug auf Wirkungsgrad und Schadstoffemission mit modernen Gas- und Ölheizungen durchaus mithalten kann.

Der Brennwert von Pellets liegt bei 5,3 kWh/kg und ist damit weitaus höher als der von Holzscheiten. Die Leistung des Ofens lässt sich zwischen 2 und 10 Kilowatt regeln. Das bedeutet auch, dass man auf unterschiedlichen Wärmebe-

Holzpellets: Wegen ihrer großen Homogenität ist eine gleichmäßige Verbrennung gewährleistet.

> **PRAXISTIPP**
> Um die Dichte zu überprüfen, können Sie Pellets in ein Wassergefäß geben. Sinken sie zu Boden, stimmt die Dichte. Bleiben sie an der Oberfläche oder schwimmen auf halber Höhe, ist sie zu gering.

darf jeweils ganz gezielt reagieren kann (siehe Seite 91).

Für den Verbraucher ist es sehr positiv, dass für Pellets Normen festgelegt worden sind. Diese gewährleisten, dass der Brennstoff immer gleichbleibende Qualität besitzt – meist bestätigt dies ein Aufdruck auf der Verpackung. Bei Bedarf sollte man sich vom Hersteller ein entsprechendes Zertifikat geben lassen. Für den ersten optischen Eindruck gilt: Pellets sollten matt glänzen und wenig stauben. Extrem dunkle Pellets haben wahrscheinlich einen hohen Rindenanteil, der auch zu einem höheren Anfall von Asche führt.

Holzbriketts

Holzbriketts können in herkömmlichen Holzöfen verbrannt werden. Sie werden aus trockenen und unbehandelten Holzresten – meist sind es Hobel- und Sägespäne – unter hohem Druck zusammengepresst. Als Bindemittel fungiert das Lignin, das bereits im Holz enthalten ist. Manche Sorten lassen sich problemlos mit der Hand teilen und sind damit nach Bedarf dosierbar. Das Brennverhalten der Presslinge, die es in unterschiedlichen Formen (eckig und röhrenförmig) und Größen gibt, ist immer vom Ausgangsmaterial abhängig. Wenn vor allem harzreiches Nadelholz enthalten ist, so entwickeln sich schnell hohe Temperaturen bei relativ raschem Abbrand. Ist vor allem Laubholz enthalten, so werden sie langsamer abbrennen bei etwas niedrigeren Temperaturen. Dies hat den Vorteil, dass weniger oft nachgelegt werden muss.

Gegenüber Holzscheiten haben Briketts den Vorteil, dass sie aufs Volumen bezogen einen höheren Heizwert besitzen. 1 Tonne Holzbriketts kann etwa 3 bis 5 Raummeter trockenes Buchenholz ersetzen, braucht aber nur den Platz von etwa anderthalb Raummetern. Der Lagerplatz muss natürlich trocken sein, da die Briketts bei Kontakt mit Feuchtigkeit sofort aufquellen. Sie besitzen außerdem eine sehr geringe Restfeuchte von unter 10 %, sodass beim Abbrand relativ wenig Asche entsteht. Meist liegen die Werte unter 1 %.

Gute Qualität ist garantiert, wenn die Briketts nach der aktuellen DIN-Norm zertifiziert sind. Schlechte Briketts erkennt man auch daran, dass sie relativ schnell wieder in ihre Ausgangsstoffe zerfallen.

Beim Kauf sollten Sie darauf achten, wie viel Kilowattstunden pro Kilogramm enthalten sind. Meist liegen die Zahlen um 5,4 kWh/kg.

Hackschnitzel

Hackschnitzel sind kleine, höchstens daumengroße Holzstücke unterschiedlichster Herkunft. Sie werden aus qualitativ sehr schlechtem Industrieholz, Ganzbäumen oder Schlagabraum hergestellt. Das Holz wird dabei direkt im Wald oder an einem Aufbereitungsplatz mit speziellen Maschinen gehackt. Der Wassergehalt liegt je nach Ausgangsmaterial und Behandlung der Späne zwi-

> **WELCHE LAGERKAPAZITÄT HABEN SIE?**
> Ein Garten oder ein Lagerraum sind oft Mangelware; deshalb sollte man im Auge behalten, welcher Platzbedarf durch die jeweilige Heizart entsteht.
> Für 20.000 Kilowattstunden Energie ergibt sich etwa folgender Platzbedarf
>
> | | |
> |---|---|
> | Öl | 2 bis 3 m^3 |
> | Pellets | 6 m^3 |
> | Scheitholz | 12 m^3 |
> | Hackschnitzel | 24 m^3 |

> **SO WIRD DER HEIZWERT VON ÖL UND GAS ERRECHNET**
> 1 Liter Heizöl sowie 1 Kubikmeter Erdgas haben einen Heizwert von 10 Kilowattstunden. Alle Werte, die sich aus der Tabelle auf Seite 22 ergeben, müssen demnach durch 10 geteilt werden und ergeben dann die Menge an Heizöl oder Erdgas, die einer bestimmten Holzmenge entspricht.

schen 60 und 8 %. Insgesamt sind Hackschnitzel sehr viel inhomogener als Holzpellets. Die Lagerung von Hackschnitzeln ist komplizierter als die von Pellets: Der Raumbedarf liegt viel höher, da die Hackschnitzel nicht verdichtet sind. Die Lagerstätten müssen belüftbar sein, da sonst Fäulnisgefahr besteht.

Hackschnitzel werden meist in größeren Heizanlagen verheizt, deren Leistung deutlich über der von privaten Kleinfeuerungsanlagen liegt. Meist wird eine Brennerkapazität von 25 Kilowatt als Grenzwert angegeben. Wegen der hohen Investitionskosten kommen solche Anlagen besonders für holzverarbeitende Betriebe oder Waldbesitzer in Frage, die das Holz billig oder kostenlos beziehen können. Für Einfamilienhäuser sind solche Heizanlagen nicht von Interesse.

Vergleich mit Erdöl und Erdgas

Wer wissen will, wie viele Liter Heizöl oder wie viele Kubikmeter Erdgas man durch Holz ersetzen kann, muss immer den Wassergehalt des Holzes berücksichtigen (siehe Seite 10). Wie viel an Öl oder Gas gespart werden kann, kann der folgenden Tabelle entnommen werden.

Nicht nur der Wassergehalt und die Holzart wirken sich auf die Wärmeausbeute einer bestimmten Holzmenge aus. Auch der Nutzungsgrad der unterschiedlichen Heizungsanlagen muss in dieser Rechnung berücksichtigt werden. Der Nutzungsgrad gibt an, wie viel Prozent der eingesetzten Energie für die Wärmeerzeugung genutzt werden kann. Grundsätzlich liegt die Effektivität moderner Brennwertheizungen, die mit Öl oder Gas betrieben werden, sehr hoch. Innerhalb der verschiedenen Holzheizungen treten dagegen große Unterschiede auf. Wie die einzelnen Modelle abschneiden und was Sie beim Kauf beachten müssen, erfahren Sie ab Seite 91 im Kapitel „Ofenarten".

Praktisches Beispiel: Eine Ölheizung benötigt 2000 Liter Öl über eine bestimmte Periode. Zur Beheizung werden also 2000 Liter × 10 kWh = 20.000 kWH eingesetzt. Der Wirkungsgrad der Heizung liegt bei 90 %. Effektiv wird die Wohnfläche also lediglich mit 20.000 × 0,9 (90 %) = 18.000 kWH beheizt.

Soll nun dieselbe Wärmemenge mit einem Kaminofen erzeugt werden, der einen Wirkungsgrad von 80 % hat, so ergibt sich daraus ein Bedarf von 18.000 kWh : 0,8 (80 %) = 22.500 kWH. Diese Kilowattstundenzahl muss also durch das eingesetzte Holz erbracht werden, um die 2000 Liter Öl zu ersetzen. Geht man jetzt davon aus, dass man mit trockenem Fichtenholz heizt, das ca. 4,5 kWh/kg freisetzt (siehe Tabelle auf Seite 22), so ergeben sich 5000 Kilogramm Fichtenholz. Bei einem Gewicht von 310 kg/Raummeter errechnet sich ein Bedarf von 16 Raummetern Fichtenholz.

Wissenswertes zum Brennstoff Holz

Wassergehalt in %			0	5	10	15	20	25	30	35	40	45	50	55	60
Baumart/ Dichte	Maß- einheit		Heizwert in kWh												
Fichte 379 kg TM/fm	kg		5,20	4,91	4,61	4,32	4,02	3,73	3,44	3,14	2,85	2,55	2,26	1,97	1,67
	fm		1971	1957	1942	1925	1906	1885	1860	1832	1799	1760	1713	1656	1584
	Rm		1380	1370	1360	**1348**	1334	1319	1302	1282	1259	1232	**1199**	1159	1109
	Srm		788	783	777	770	763	754	744	733	720	704	685	662	634
Kiefer 431 kg TM/fm	kg		5,20	4,91	4,61	4,32	4,02	3,73	3,44	3,14	2,85	2,55	2,26	1,97	1,67
	fm		2241	2226	2209	2189	2168	2144	2116	2083	2046	2001	1948	1883	1802
	Rm		1569	1558	1546	1533	1518	1500	1481	1458	1432	1401	1364	1318	1261
	Srm		896	890	883	876	867	857	846	833	818	801	779	753	721
Buche 558 kg TM/fm	kg		5,00	4,72	4,43	4,15	3,86	3,58	3,30	3,01	2,73	2,44	2,16	1,88	1,59
	fm		2790	2770	2748	2723	2695	2664	2627	2586	2537	2480	2411	2326	2221
	rm		1953	1939	1923	1906	1887	1864	1839	1810	1776	1736	1687	1628	1555
	Srm		1116	1108	1099	1089	1078	1065	1051	1034	1015	992	964	930	888
Eiche 571 kg TM/fm	kg		5,00	4,72	4,43	4,15	3,86	3,58	3,30	3,01	2,73	2,44	2,16	1,88	1,59
	fm		2855	2835	2812	2786	2758	2726	2689	2646	2596	2537	2467	2380	2273
	Rm		1999	1984	1968	1951	1931	1908	1882	1852	1817	1776	1727	1666	1591
	Srm		1142	1134	1125	1115	1103	1090	1075	1058	1038	1015	987	952	909
Pappel 353 kg TM/fm	kg		5,00	4,72	4,43	4,15	3,86	3,58	3,30	3,01	2,73	2,44	2,16	1,88	1,59
	fm		1765	1752	1738	1723	1705	1685	1662	1636	1605	1569	1525	1472	1405
	Rm		1236	1227	1217	1206	1193	1179	1163	1145	1123	1098	1067	1030	983
	Srm		706	701	695	689	682	674	665	654	642	627	6100	589	562

TM = Trockenmasse, fm = Festmeter, Rm = Raummeter, Srm = Schichtraummeter. Alle verwendeten Maße sind ab Seite 26 erläutert.

Ablesebeispiel: Frisch geerntete Fichte (Wassergehalt 50 %) hat einen Heizwert von 1199 kWh pro Raummeter (in der Tabelle fett gekennzeichnet). Trocknet man dieses Fichtenholz auf Wassergehalt 15 %, dann steigt der Heizwert auf 1348 kWh (in der Tabelle kursiv markiert). Umgerechnet entspricht dieser Heizwert etwa 134,8 Litern Heizöl, da 1 Liter Heizöl 10 kWh Energie enthält. Dies entspricht auch etwa dem Heizwert von 134,8 Kubikmetern Erdgas, da 1 Kubikmeter Erdgas 10 kWh Energie enthält.

Wie kommt das Holz vors Haus?

Fertiges Brennholz, direkt bis vor die Haustür geliefert, gut abgelagert, gespalten und bereits auf das richtige Maß geschnitten: Dieser Service hat seinen Preis. Sehr viel billiger ist es, das Holz selbst im Wald zu sägen und mit dem eigenen Auto nach Hause zu transportieren. Wer zusätzlich noch bereit ist, dem Waldbesitzer bei der Pflege seines Waldstückes behilflich zu sein, beispielsweise Reisig auf Haufen zusammenlegt, der kommt noch sehr viel günstiger weg. Zwischen dem stehenden Baum im Wald und den ofenfertig aufbereiteten Holzscheiten daheim liegen zahlreiche Arbeitsschritte und je mehr vom Käufer übernommen werden, desto niedriger ist natürlich der Preis.

PRAXISTIPP
Wer in puncto Brennholz aktiv werden will – sei es durch Einkauf oder selbst sägen – sollte sich rechtzeitig darum kümmern. Schließlich muss Holz erst trocknen, ehe es verheizt werden kann und ofenfertiges Brennholz ist in den letzten Jahren sehr begehrt.

In welcher Form wird Holz verkauft?

Grundsätzlich gibt es die Möglichkeit, Holz
- nach Gewicht,
- nach Volumen,
- als Flächenlos

zu kaufen.
Ob nun ofenfertiges Brennholz gekauft werden soll oder ob man selbst aktiv werden möchte, die Ansprechpartner sind meist die gleichen. Organisiert sind sie auf Länderebene. Die Adressen finden Sie ab Seite 100. Sie können aber auch einfach zum Telefon greifen und einen Förster aus Ihrer Umgebung, den Sie kennen, anrufen.

Welcher Preis ist gerechtfertigt?

Um den Preis für (teil-)aufgearbeitetes Holz beurteilen zu können oder um einzuschätzen, ob sich die Aufarbeitung einer bestimmten Fläche im Wald zu einem vorgeschlagenen Preis lohnt, müssen einige Eckdaten bekannt sein. Deshalb sollte man sich vom Verkäufer folgende Informationen geben lassen:

- Welche Baumart(en) ist/sind im Sortiment enthalten? Anhand dieser Auskünfte lässt sich auf den Heizwert des Holzes schließen. Sie können überschlägig ausrechnen, wie viel Holz Sie benötigen.
- Um welches Holz handelt es sich? Stammt es aus Stammholzeinschlag oder ist auch Astholz mit enthalten? Ist eventuell auch Sägerestholz mit dabei? Je nach Zusammensetzung ist im Verkaufsmaß unterschiedlich viel Holzmasse enthalten, denn die verschiedenen Sortimente lassen sich unterschiedlich gut schichten.
- Wie lange ist das Holz ausgehalten, d. h. wie lang sind die Abschnitte, in die es unterteilt ist. Gebräuchlich sind „ofenfertige" Längen mit 25 bzw. 33 cm sowie Abschnitte zwischen 1 und 4 Meter. Im letzteren Fall müssen dann noch mehrere Trennschnitte gemacht werden, bis das Holz ofenfertig aufbereitet ist.
- Wie dick ist das Holz? Ist es ab einem bestimmten Durchmesser gespalten? Die Dicke des Holzes hat sowohl Einfluss auf das Brennverhalten und damit auf den Heizwert als auch beim Aufarbeiten auf das Stück-Masse-Verhältnis und damit auf den Arbeitsfortschritt.

> **PEFC UND FSC: DIE GARANTIE FÜR NACHHALTIGES WIRTSCHAFTEN**
> Wer Brennholz kauft, sollte darauf achten, dass dieses Holz aus nachhaltig bewirtschafteten Betrieben kommt. Nur so wird sichergestellt, dass es aus Wäldern stammt, aus denen nicht mehr Holz entnommen wird, als nachwachsen kann, und die somit langfristig erhalten bleiben.
> Dafür steht
> - die **PEFC**-Zertifizierung. Das „**P**rogramme for **E**ndorsement of **F**orest **C**ertification Schemes" sichert eine hohe und vor allem nachhaltige Qualität der Waldbewirtschaftung durch strenge Bewirtschaftungsvorgaben und glaubwürdige Kontrollverfahren. Sie vergibt Zertifikate an Waldbesitzer, auf deren Flächen nachweislich den Statuten entsprechend gearbeitet wird.
> - das **FSC**-Zertifikat (**F**orest **S**tewardship **C**ouncil). Dieses Logo bestätigt ebenfalls eine ökologische Waldbewirtschaftung und wird weltweit von allen Umweltorganisationen anerkannt.

Verkauf nach Gewicht

Ein geringer Teil des in **Scheitform** aufbereiteten Brennholzes wird nach Gewicht verkauft. Oft sieht man solche Angebote im Baumarkt oder in Supermärkten. Um sie preislich einordnen zu können, muss man wissen, welche Holzart enthalten ist und wie hoch der Wassergehalt des Holzes ist. Allein die Angabe „Laubholz" reicht nicht. Welchen Einfluss diese beiden Faktoren auf den Heizwert haben, ist auf Seite 10 dargestellt.

Holzpellets, Holzbriketts und Hackschnitzel werden grundsätzlich nach Gewicht verkauft, Normen sorgen dafür, dass das Angebot homogen und damit vergleichbar ist. Diese Energieträger können allerdings nicht in allen Öfen verheizt werden bzw. brauchen speziell auf sie zugeschnittene Heizanlagen. Der Hersteller jedes Ofens muss informieren, welche dieser Formen im jeweiligen Modell verbrannt werden kann.

> **PRAXISTIPP**
> Holzbriketts können alternativ zu Scheitholz in herkömmlichen Holzöfen verheizt werden – mit Pellets geht das nicht.

- Ist das Holz schon abgelagert? Und wenn ja, wie lange? Aus dieser Auskunft können Sie schließen, in welcher Heizperiode Sie das Holz verwenden können.

Für Selbstwerber ist zusätzlich interessant:
- Wie weit ist die durchschnittliche Entfernung von der Fläche, wo das Holz liegt, bis zum befahrbaren Weg? Der Transportweg ist ein wichtiger Faktor in der Preisfindung, denn meist müssen Sie das Holz ja per Hand aus dem Bestand tragen oder mit dem Schubkarren fahren, und da zählt jeder Meter.
- Ist das Gelände geneigt oder eben, befindet sich Unterholz auf der Fläche, das die Fortbewegung erschwert?

Pellets werden lose im Silowagen angeliefert; es gibt sie aber auch im Big Bag (à 1000 kg) und in Säcken (à 15 kg) zu kaufen. Große Chargen sind aber sehr viel billiger als kleine Abgabemengen. Meist werden sie in Silos aufbewahrt, in denen die Lagerbedingungen auf den verwendeten Heizkesseltyp, der nur für Pellets geeignet ist, abgestimmt sein sollten. Im Prinzip reicht aber ein trockener Lagerraum, sodass sie vor Witterungseinflüssen geschützt sind. Bei Nässe könnten sie sonst aufquellen. Gebräuchliche Normen für Pellets sind: DIN-Norm 51731, Ö-Norm M 7135 und DIN-Plus-Güte-Norm. Die beste Qualität haben die DIN-Plus-Pellets, deren Anforderungen am höchsten sind.

In welcher Form wird Holz verkauft?

Bei den **Holzbriketts** ist die klassische Menge für eine Heimlieferung eine Tonne, jeweils verpackt in 10-Kilogramm-Chargen. Geliefert werden Briketts in runder oder eckiger Form. Im Baumarkt ist die Abgabe in 10-Kilogramm-Päckchen üblich. Achten Sie darauf, dass auf der Verpackung immer der Preis je Kilowattstunde angegeben wird, denn 500 Kilogramm einer Sorte können mehr Heizwert haben als 600 Kilogramm einer anderen. Der Heizwert ist von der Qualität der Holzstücke abhängig. In Karton oder kompostierbarer Folie verpackte Briketts sind in Polyethylen verschweißten vorzuziehen, denn das verringert den Müllberg. Inzwischen werden Briketts auch in Pfandbehältnissen geliefert. Für die Holzbriketts gelten dieselben Normen wie für Pellets.

Hackschnitzel unterscheiden sich hinsichtlich Holzart, Rindenanteil (10 bis 60 %), Typ (Waldhackschnitzel, Sägehackschnitzel oder Recyclingholz), Hackgutklasse (G 30, G 50 oder G 100), Wassergehalt und Aschegehalt. Das Angebot ist hier wesentlich inhomogener als bei Pellets und Briketts. Hackschnitzel kommen für eine Kleinfeuerungsanlage wegen des hohen finanziellen Aufwands zur Zeit noch nicht in Frage. Eingesetzt werden sie vor allem bei größeren Wärmeabnehmern (ab etwa 50 Kilowatt) wie Nahwärmenetzen, Gewerbebetrieben oder größeren Hofstellen von Waldbauern.

Verkauf nach Volumen: der Festmeter

Das übliche Verkaufsmaß für Stammholz (also ganze Baumstämme) ist der **Festmeter** (abgekürzt Fm oder fm). Dieses Maß beschreibt ein Volumen von 1 m³ (ein Quader mit der Kantenlänge 1 m) reinem Holz ohne Zwischenräume. Wie viele Festmeter Holz in einem Baumstamm enthalten sind, wird mithilfe einer Formel berechnet, in die Länge, mittlerer Durchmesser sowie andere Parameter einfließen.

Aufgeschichtetes Raummeterholz am Waldrand.

In der Einheit Festmeter wird meist das Sortiment „Brennholz lang" verkauft. Oft wird es „ab Waldstraße" abgegeben. Das bedeutet, dass der Käufer das Holz abholen und in der Regel auch gleich vor Ort klein schneiden muss. Weil bei dieser Verkaufsform dem Waldbesitzer keine Kosten für die Trennschnitte und das Aufschichten von Holzstößen entstehen, ist dieses Sortiment billiger als Schichtholz, das schon auf ein kürzeres Maß zusammengesägt ist.

Verkauf nach Volumen: der Raummeter

Wird Brennholz verkauft oder aufgearbeitet, so ist das gängigste Maß der Raummeter. Für 1 **Raummeter** (abgekürzte Schreibweise 1 Rm oder rm, 1 m × 1 m × 1 m mit Hohlräumen) wird das Holz in Stapeln aufgeschichtet, die Hohlräume zwischen den Holzstücken sind dabei unterschiedlich groß. Üblich ist es, 4 % Übermaß zu geben, den Stapel also auf 1,04 Meter aufzuschichten. Umrechnungsmöglichkeiten zwischen den Sortimenten sind in der Tabelle 4 auf Seite 27 angegeben.

> **VOM METERHOLZ ZUM OFENFERTIGEN HOLZ**
> Je kürzer das Holz, desto höher der Preis, denn jeder Trennschnitt kostet Zeit und damit Geld.
> **Meterholz** ist Holz (Stammholz oder dicke Äste), das auf 1 Meter Länge eingeschnitten ist. Entsprechend billiger sind 2 oder 3 Meter lange Stücke.
> Bei **ofenfertigem** Holz sind die Holzscheite bereits auf eine Länge von 25 oder 33 cm eingekürzt und ab einem bestimmten Durchmesser zusätzlich gespalten.

Wie viel Masse an Holz in einem Raummeter enthalten ist, ist allerdings von verschiedenen Faktoren abhängig:

- von der **Förmigkeit**: Ist das Holz schief oder drehwüchsig, sind auch die Zwischenräume größer. Besonders wenn Äste mit enthalten sind, sinkt der „Holzgehalt" im Raummeter.
- von der **Qualität der Entastung**: Stehen mehr oder weniger große Aststummel aus dem Holz, so fungieren diese als Abstandhalter zum nächsten Stück: Das Luftvolumen im Raummeter steigt, die Holzmasse sinkt.
- vom **Durchmesser** des Holzes: Dünnere Stücke können besser geschichtet werden als dicke Rollen.
- von der **Sorgfalt** beim Aufschichten.

Schüttholz trocknet in einem nach allen Seiten offenen Drahtgeflecht.

Für den Verkäufer ist dieses Sortiment sehr arbeitsintensiv, deshalb liegt der Preis auch höher als beim „Brennholz lang".

Verkauf nach Volumen: der Schüttraummeter

Beim **Schüttraummeter** wird ofenfertig geschnittenes Holz in einen 1 m³ großen Metallkorb o. Ä. geschüttet. Diese Maßeinheit ist heute im Brennholzhandel üblich, da die Zeit für ein sorgfältiges Aufschichten fehlt bzw. unwirtschaftlich ist. Vorsicht ist hier beim Kauf geboten: Der Schüttraummeter ist kein amtliches Maß, deshalb kann es hinsichtlich der Menge große Unterschiede geben!

Umrechnung zwischen den Verkaufsmaßen

Von der Festmetermenge kann durch mehr oder weniger genaue Umrechnungstabellen auf die Raummeter- oder Schüttraummetermenge geschlossen werden und umgekehrt. Für die Baumarten Buche und Fichte, die vor allem als Brennholz verwendet werden, ist dieser Zusammenhang in der Tabelle auf dieser Seite dargestellt. Anhand dieser Tabelle wird auch deutlich, dass Holzart und Rinde Einfluss auf die Lagerungsdichte haben: Buchenholz ist schwerer und hat eine glattere Rinde als Fichte, deshalb lagern sich die Stücke beim Schüttvorgang auch dichter zusammen.

	Festmeter (Fm)	Rundlinge, geschichtet (Rm)	Scheite 1 m lang, gekreuzt (Rm)	Scheite 1 m lang, geschichtet (Rm)	Scheite 33 cm lang, geschichtet (Rm)	Scheite 33 cm lang, geschüttet (SRm)
Umrechnungsfaktoren bezogen auf 1 Festmeter						
Buche	1,0	1,7	2,38	1,98	1,61	2,38
Fichte	1,0	1,55	2,07	1,8	1,55	2,52
Umrechnungsfaktoren bezogen auf 1 Raummeter Rundlinge						
Buche	0,59	1,0	1,4	1,17	0,95	1,4
Fichte	0,65	1,0	1,34	1,16	1,0	1,63
Umrechnungsfaktoren bezogen auf 1 Raummeter Meterscheite						
Buche	0,5	0,86	1,2	1,0	0,81	1,2
Fichte	0,56	0,86	1,15	1,0	0,86	1,4
Umrechnungsfaktoren bezogen auf 1 Raummeter 33 cm Scheite						
Buche	0,62	1,05	1,48	1,23	1,0	1,48
Fichte	0,64	1,0	1,33	1,16	1,0	1,62
Umrechnungsfaktoren bezogen auf 1 Schüttraummeter 33 cm Scheite						
Buche	0,42	0,71	1,0	0,83	0,68	1,0
Fichte	0,4	0,62	0,82	0,72	0,62	1,0

Die gezeigte Umrechnungstabelle (Seite 27) kann allerdings nur Faustzahlen aus der Praxis wiedergeben. Im Einzelfall kann es immer wieder zu Abweichungen kommen. Wer aber beispielsweise 1 Festmeter Buche bestellt und diese Menge in Rundlingen geliefert bekommt, sollte nach dem Aufschichten dann auch einen Stoß von etwa 1,7 Rm vor dem Haus liegen haben.

Spezialfall Versteigerung

Eine Sonderform des Brennholzverkaufs sind Versteigerungen, die in manchen Regionen eine lange Tradition haben und jetzt, in einer Zeit des Holzenergie-Booms, wieder neu belebt werden. Solche Brennholzversteigerungen finden meist zu festen Terminen statt und werden vorher in regionalen Tageszeitungen oder amtlichen Mitteilungsblättern angekündigt. Im Wirtshaus oder vor Ort im Wald kann dann ein schon fertig aufgearbeitetes Brennholzlos (meist 1-Meter-Stücke) ersteigert werden. Die einzelnen Lose – so heißen die Verkaufseinheiten – sollten auf jeden Fall vorher besichtigt werden. Ein Lageplan kann meist vom Anbieter vorher angefordert werden. Oft sind solche Veranstaltungen kleine Volksfeste, die dann bei Glühwein an einem großen Lagerfeuer ausklingen.

> **PRAXISTIPP**
>
> Versteigerungslose dürfen zum Besichtigen nicht mit dem Auto angefahren werden! Erst der Verkaufsschein beinhaltet auch die Berechtigung, das gekaufte Holz mit dem Auto aus dem Wald abzufahren.

Holz auf der Fläche

Häufig angeboten werden sogenannte **Flächenlose** oder **Reissschläge**. Hier kann in einem meist mit Pflöcken abgegrenzten Waldbereich alles liegende Holz aufgearbeitet werden, das nach dem Einschlag des hochwertigen Stammholzes zurückgeblieben ist. Etwa 8 % des Gesamteinschlags werden nicht aufgearbeitet, weil die Verkaufserlöse die Aufarbeitungskosten nicht decken. Vor allem Kronenteile, Äste und beim Umsägen zerbrochene Stammstücke können noch als Brennholz aufgearbeitet werden. Es gehört einige Erfahrung dazu, abzuschätzen, wie viel Holz auf so einer Fläche liegt und was es wert ist. Zwar wird jedes Los vom Waldbesitzer oder Förster angeschätzt, solche Werte sind aber natürlich mit einigen Unwägbarkeiten behaftet. In die Festlegung des Mindestgebots fließen auch die Arbeitsbedingungen mit ein. Entscheidend ist beispielsweise:

- ob das Holz aus dem Bestand an die Waldstraße geschleppt werden muss oder ob es direkt am Bestandesrand liegt,
- wie dick das Holz ist,
- welche Erschwernisse (behindernder Bodenwuchs, Hangneigung, Gräben o. Ä.) auf der Fläche vorliegen.

Anspruchsvoller ist die Arbeit in einem Durchforstungslos. Hier müssen die vom Förster gekennzeichneten Bäume erst gefällt werden (in seltenen Fällen wird das schon im Vorfeld von Forstwirten vorgenommen). Was hier im Einzelnen abgesprochen werden muss, ist auf Seite 32 aufgeführt.

Der Holzleseschein

Ein Holzleseschein berechtigt zum Sammeln von Holz, das von selbst zu Boden gefallen ist. In manchen Gegenden wird Leseholz auch Raffholz genannt. In beiden Fällen handelt es sich um dürre Stücke, die nicht zum Verkauf bestimmt sind. An der dicksten Stelle darf das Holzstück nicht mehr als 7 bis 10 cm aufweisen. Das wird von jedem Waldbesitzer unterschiedlich gehandhabt. Die „Erlaubnis zum Sammeln" gilt nur für einen bestimmten Zeitabschnitt (oft Oktober bis März) und für ein bestimmtes Waldstück. Meist muss nur ein geringes Entgelt bezahlt werden.

Beim Sammeln muss man genau hinschauen: Besonders Holz mit Bodenkontakt und in Regionen mit relativ viel Niederschlag verrottet sehr schnell. Damit sinkt der Heizwert und die ganze Mühe ist (fast) umsonst.

Manche Waldbesitzer und Förster stellen übrigens keine Holzleseschein aus: Sie sind der Meinung, dass dieses dünne Holz wie auch Nadeln und Reisig besser im Wald verrotten sollten, um die darin enthaltenen Nährstoffe wieder dem Boden zuzuführen. Nur so bleibt auf die Dauer die Wuchskraft der Wälder erhalten, denn gerade die wichtigen Elemente Phosphor, Kalium, Kalzium und Magnesium sind in Feinästen, Reisig, Rinde und Nadeln in besonders hohem Maße akkumuliert. Außerdem bietet das abgestorbene Holz Vögeln, Insekten und Kleinsäugern Nahrung und Unterschlupf.

> **PRAXISTIPP**
>
> „Bis Handstraußgröße" – also etwa einen Arm voll herabgefallenes trockenes Holz – darf laut Waldgesetz jeder aus den Staatswäldern mitnehmen. Im Privatwald braucht man dazu allerdings die Erlaubnis des Waldbesitzers.

Wer liefert Holz?

Brennmaterial bekommt man inzwischen in jedem Baumarkt oder Supermarkt. Dort kann es allerdings durchaus sein, dass man die Katze – pardon: das Holz – im Sack kauft. Besser als über Zwischenhändler kauft man das Holz direkt beim Holzbesitzer: Holzbesitzer sind beispielsweise:

- der Staat
- die Kommunen
- private Waldbesitzer.

Kontaktadressen finden Sie am Ende des Buches ab Seite 100.

Der Staatsforst

Der Bund und die Länder besitzen in ganz Deutschland etwa 30 % der Waldfläche. Spitzenreiter ist dabei das Saarland, dem 48 % der Waldfläche auf Landesebene gehört, Schlusslicht ist Nordrhein-Westfalen mit 14 %. In den Augen der Öffentlichkeit ist der klassische Förster meist ein Revierleiter, der eine bestimmte Fläche innerhalb eines staatlichen Forstbetriebes bewirtschaftet. Man kennt den Förster von Waldspaziergängen oder vom Christbaumverkauf. Er ist deshalb in der Regel auch der erste Ansprechpartner, wenn es darum geht, Brennholz zu kaufen oder in Eigenregie als Selbstwerber tätig zu werden. Er kann auch häufig Auskunft darüber geben, wem der Wald gehört, in dem man gerne Holz machen möchte. Leider ist es in den letzten Jahren vorgekommen, dass der Förster kein Brennholz mehr anbieten konnte. Aufgrund der stark gestiegenen Nachfrage heißt es im Staatswald immer öfter: „Ausverkauft!", denn es steht nur ein bestimmtes Kontingent an Brennholz für den privaten Energiemarkt zur Verfügung. In vielen Staatsforstbetrieben werden „Altkunden" bevorzugt bedient, teilweise gibt es inzwischen Mengenbegrenzungen bei den Brennholzabgaben. Wer nicht beim Staat zum Zug kommt, sollte sich an private oder kommunale Waldbesitzer wenden (Adressen siehe Seite 102 f.).

In vielen Ländern vermitteln die Staatsforstbetriebe oder die Forstverwaltung die Anfragen von Interessenten weiter, oft verweisen auch deren Homepages auf private und kommunale Anbieter. Wem die Wälder im Besitz der Länder unterstellt sind, ist von Bundesland zu Bundesland unterschiedlich geregelt. In einigen Ländern ist das Umweltministerium, in anderen das Landwirtschaftsministerium dafür zuständig. Teilweise wird Waldbesitz sogar von einem eigenständigen Betrieb bewirtschaftet. Auf Seite 102 finden Sie eine Auflistung der Auskunftsadressen, die in den einzelnen Ländern weiterhelfen.

MOTORSÄGEN-FÜHRERSCHEIN ERWÜNSCHT!

Nicht nur die Staatsforstbetriebe sind inzwischen oft dazu übergegangen, einen Nachweis zu verlangen, dass der Selbstwerber in der Lage ist, mit der Motorsäge umzugehen. Der zuständige Revierleiter oder die zuständige Revierleiterin muss sich deshalb vor Aufnahme der Tätigkeit von der Sachkunde überzeugen. Nachgewiesen werden kann diese durch:
- eine bescheinigte Teilnahme an einem Motorsägenkurs, der den Mindestinhalten der GUV-I 8624* entspricht.
- eine berufliche Tätigkeit, die den regelmäßigen Umgang mit der Motorsäge erfordert.
- eine mehrjährige Praxis als Selbstwerber.

Der Sachkundenachweis ist von jeder Person zu erbringen, die Motorsägenarbeit durchführt. Kurse, die z. B. von den Waldbauernschulen angeboten werden, können dem Adressenteil auf Seite 103 entnommen werden.

Kommunale Waldbesitzer

Mehr als 20 % des Waldes gehört Städten, Gemeinden, Stiftungen und den Kirchen. Einige Flächen sind so groß, dass sie durch eigenes Personal bewirtschaftet werden. Dann kann man die Anfragen direkt an die Stadtverwaltung oder das zuständige städtische Forstamt richten. Ob eine Gemeinde Brennholz verkauft oder Selbstwerber-Brennholz vergibt, wird meist im amtlichen Mitteilungsblatt angekündigt.

Kleinere Wälder im kommunalen Besitz, die kein eigenes Fachpersonal haben, werden oft vom Staat oder zusammen mit Privatwald bewirtschaftet. Dort kann auch wieder die Gemeinde oder der Waldbesitzerverband (Adressen siehe Seite102) weiterhelfen. Eine regionale Besonderheit mancher Gemeinden ist das sogenannte **Bürgerholz** oder **Losholz**, das zu ermäßigten Preisen an Gemeindemitglieder abgegeben wird. Der Bedarf muss bei der Gemeinde angemeldet werden, die Aufforderung dazu wird in den amtlichen Mitteilungsblättern oder Tageszeitungen veröffentlicht.

Private Waldbesitzer

Hätten Sie das gedacht? Fast 44 % der deutschen Wälder sind in Privatbesitz! Fast 60 % dieser privaten Betriebe sind unter 20 Hektar groß – Tendenz steigend, denn durch Vererbung und die damit verbundene Zerstückelung entstehen immer kleinere Einheiten. Viele private Waldbesitzer sind in **Forstbetriebsgemeinschaften** und **Waldbesitzervereinigungen** organisiert, um ihr Holz besser vermarkten und die Bewirtschaftung ihrer Flächen besser organisieren zu können. Die Adressen der FBG's in Ihrer Nähe erhalten Sie über die Ämter, denen die Flächen hoheitlich unterstehen. Dabei handelt es sich in den meisten Fällen um die Landwirtschafts- oder Umweltbehörden.

Von privaten Waldbesitzern wurde der **Bundesverband Brennholz** gegründet, u. a. mit dem Ziel, fertig aufgearbeitetes Brennholz besser vermarkten zu können. Die Mitglieder des Verbands haben sich zur Einhaltung von Qualitätssicherung und -dokumentation des verkauften Holzes verpflichtet. Deren Satzung ist im Internet einsehbar. Über Links kann man sich hier, nach Postleitzahlen gegliedert, einen Verkäufer auswählen (www.bundesverband-brennholz.de, Link: Mitglieder). Einen ähnlichen Service per Internet bietet der Gesamtverband Deutscher Holzhandel (www.holzhandel.de).

Über die Interessenvertretungen der **Waldbesitzerverbände** kann man sich ebenfalls über die Möglichkeit der Brennholzaufarbeitung und des -kaufs informieren lassen. Auf Anfrage verschicken die meisten Verbände verschiedene Bro-

Informationen vor Ort

Das klassische Selbstwerberholz: Äste und dünne Stammteile können noch aufgearbeitet werden.

schüren mit umfangreichem Adressenmaterial. Die Adressen finden Sie am Ende des Buches auf Seite 102.

Informationen vor Ort

Wenn Sie als Selbstwerber im Wald Ihr Holz selber schlagen wollen, müssen Sie sich um eine Fläche kümmern. Diese Fläche sollte die drei folgenden Bedingungen erfüllen:
- Sie sollte so nahe wie möglich an Ihrem Wohnort liegen.
- Auf ihr sollten die Holzarten vorhanden sein, die Sie benötigen. Wer beispielsweise einen offenen Kamin feuern möchte, für den ist Holz mit hohem Harzanteil und Funkenflug ungeeignet. Allerdings müssen Sie sich auch daran orientieren, welche Baumarten üblicherweise in Ihrer Umgebung wachsen. Es nützt Ihnen wenig, wenn Sie gerne Buche hätten, es weit und breit aber nur Kiefernwälder gibt.
- Die Bedingungen auf der Fläche sollte Ihren Fähigkeiten im Umgang mit der Motorsäge entsprechen. Wer nicht eine gewisse Routine darin besitzt, sollte nur liegendes Holz aufarbeiten. Unterschiedliche Schwierigkeitsgrade gibt es auch hinsichtlich der Fällung: Große Bäume sind natürlich schwieriger zu fällen als dünne. Die Versuchung ist verständlicherweise groß, sich an dicke Stämme zu wagen, da dort in

Stehendes Totholz: ein wertvolles Biotop für viele Tierarten!

kürzerer Zeit mehr Brennholz zusammenkommt.
Bevor die eigentliche Arbeit im Wald beginnt, sollte man sich vom Waldbesitzer oder Revierförster vor Ort informieren und einweisen lassen. Es muss auf jeden Fall klar sein, welches Holz für den heimischen Ofen überhaupt aufgearbeitet werden darf.
Bitte beachten Sie beim Einweisungsgespräch und bei der anschließenden Arbeit im Wald unbedingt folgende Punkte:

- Lassen Sie sich zuerst einen Erlaubnisschein geben, den Sie bei der Arbeit im Wald immer bei sich haben sollten. Er ist meist mit einer Fahrerlaubnis im Wald verbunden, denn ohne diese dürfen Sie mit dem Auto nicht im Wald fahren.
- Lassen Sie sich die Grenzen des Gebietes, auf dem gearbeitet werden soll, genau zeigen. Ein Kartenausschnitt kann sinnvoll sein. Am besten sind darauf auch gleich die Abfuhrwege und -straßen eingezeichnet, auf denen das Brennholz dann später nach Hause gefahren werden kann.
- Wenn Bäume gefällt werden, muss klar sein, welche das sein sollen. Meist sind sie mit einem Band oder mit Sprühfarbe markiert. Halten Sie sich strikt an diese Vorgaben. Auch wenn der Arbeitsauftrag mündlich (z. B. „Alle Birken entfernen" oder „Weichlaubholz beseitigen") erfolgt, muss dieser exakt eingehalten werden. Dann sollte Ihre Artenkenntnis dazu ausreichen, die Birken bzw. die Weichlaubhölzer zu identifizieren.
- Gerade dürre Bäume dürfen nicht ohne weiteres gefällt werden: Das sogenannte stehende Totholz besitzt einen hohen ökologischen Wert als Lebensraum für Vögel wie beispielsweise Specht oder Hohltaube. Daher werden solche toten Bäume manchmal ganz bewusst auf der Fläche belassen. Im Zweifelsfall sollten Sie den Waldbesitzer ganz gezielt auf diesen Punkt ansprechen.
- Bäume, die beispielsweise nach einem Sturm nachträglich auf „Ihrer" Fläche anfallen, sind im Regelfall nicht in der Vereinbarung enthalten. Kommt es zu solchem „Schadholz", müssen Sie dem Waldbesitzer bzw. Revierleiter

Bescheid geben. Er entscheidet dann, was damit passiert.
- Meist wird für die Aufarbeitung und die Abfuhr des Holzes eine Frist festgesetzt. In der Regel hat der Selbstwerber etwa 3 Monate Zeit, um mit „seiner" Fläche fertig zu werden.
- Es muss bereits im Vorfeld geklärt werden, welche Preise für die anfallenden Mengen bezahlt werden. Wenn Sie ganz auf der sicheren Seite sein wollen oder größere Mengen abnehmen, sollten Sie das schriftlich mit dem Waldbesitzer vereinbaren. In den Preis fließt ein, welche Holzarten anfallen, wie dick das Holz ist und wie weit die Abschnitte bis zum Lagerplatz transportiert werden müssen.
- Vereinbaren Sie vor Arbeitsbeginn, wie und wann das eingeschlagene Holz vermessen wird. Im Fachjargon heißt das „aufgenommen wird".
- Die Versuchung ist groß, mit dem Pkw oder dem Schlepper möglichst nah ans Holz im Bestand zu fahren, denn das spart Schweiß treibende Knochenarbeit. Allerdings dürfen Sie sich nur auf den ausgewiesenen Rückegassen bewegen; der restliche Bestand ist tabu. Zu groß ist die Gefahr, dass der Boden verdichtet wird. Dadurch können Bäume geschädigt werden, bzw. die Wurzeln können nicht richtig wachsen.
- Es wird auch schon im Vorfeld besprochen, wo das Holz gelagert werden darf und auf welchen Wegen es aus dem Wald abtransportiert wird. Ein Abstand von 1 Meter zum Fahrbahnrand ist auf jeden Fall einzuhalten, damit andere Fahrzeuge nicht behindert werden. Die Abschnitte dürfen außerdem nicht an lebendige Bäume gestapelt werden, denn die dadurch möglichen Rindenverletzungen sind eine Eintrittspforte für Insekten und Pilze.
- Für den Transport muss ein geeignetes Transportmittel zur Verfügung stehen. Die Ladung muss gegen Herunterfallen und Wegfliegen gesichert werden. Ideal ist ein Auto mit Anhängerkupplung, an die ein kleiner Hänger passt. Wenn Sie das Holz im Auto transportieren wollen, so beachten Sie unbedingt das zulässige Gesamtgewicht.

GEFAHR DURCH ZECKEN

Sie lauern im Unterholz, an Weg- und Waldrändern. Sie warten auf Gräsern, Stauden und Sträuchern in etwa 1 m Höhe über dem Boden und werden von dort abgestreift. Auch von Kleidungsstücken lassen sie sich nicht abschrecken: Sie klettern einfach nach oben, bis sie eine Stelle finden, bei der sie in der Haut stechen können. Und dann saugen sie Blut, denn Zecken brauchen diesen Stoff für ihre Entwicklung. Nicht der Stich an sich ist gefährlich, sondern die Krankheiten, die dadurch übertragen werden.

In Deutschland von Bedeutung sind **Lyme-Borreliose** und die **Früh-Sommer-Meningo-Encephalitis (FSME)**. Da alle Entwicklungsstadien der Zecke (Larve, Nymphe und Adulte) mit FSME- und Borreliose-Erregern infiziert sein können, besteht zu allen Jahreszeiten die Möglichkeit der Krankheitsübertragung.

Entgegen der weit verbreiteten Überzeugung, dass Zeckenstiche schmerzen oder Juckreiz auslösen, bleiben etwa zwei Drittel aller Stiche unbemerkt.

Präventive Mittel zum Einreiben der Haut bringen keinen 100%igen Schutz und halten nicht lange. Die beste Vorsichtsmaßnahme ist **dichte Kleidung**, möglichst mit Gamaschen im Übergangsbereich von der Hose zu den Stiefeln. Daneben bleibt nur eines: Nach der Arbeit den Körper nach Zecken absuchen, denn je früher sie entfernt werden, desto geringer ist das Risiko einer Krankheitsübertragung. Auf keinen Fall darf zum Entfernen Öl oder Klebstoff benutzt werden, da diese Substanzen die tierischen Atemöffnungen (Tracheen) verstopfen und die Zecken im Todeskampf noch mehr Erreger ausschütten.

Für die **Bakterienerkrankung Borreliose** existiert derzeit keine Impfung, sie kann aber vor allem am Anfang gut mit Antibiotika behandelt werden. Spätere Stadien sprechen nur schwer auf diese Therapie an. Etwa 30 bis 50 % aller Zecken sind mit Borrelien infiziert, die Inkubationszeit liegt bei ca. 8 Tagen bis 3 Monaten. Meist äußert sich die Infektion durch eine scharf abgegrenzte ringförmige, größer werdende Hautrötung an der Stichstelle oder grippale Allgemeinsymptome. Unbehandelt kann es nach Wochen bis Monaten, manchmal sogar noch nach Jahren zu Herzmuskel- bzw. Herzbeutelerkrankung, Lähmungen, Gehirnhautentzündung und Gelenkbeschwerden kommen.

Die **Viruserkrankung FSME** kann nicht behandelt werden, schützen kann man sich durch die aktive FSME-Impfung. FSME tritt gehäuft in sogenannten Endemiegebieten auf, hier ist also die Gefahr, dass eine Zecke mit dem Virus infiziert ist, besonders hoch. Die Inkubationszeit liegt zwischen 2 und 28 Tagen. Dann können grippeähnliche Symptome mit Gliederschmerzen, Fieber und Bauchbeschwerden auftreten. Nach einer beschwerdefreien Zeit tritt bei einem Drittel der Erkrankten die zweite Phase mit dem Befall des zentralen Nervensystems ein, wobei hohes Fieber, Kopfschmerzen, Lähmungen, Gefühllosigkeit, psychische Veränderungen und Bewusstlosigkeit auftreten können. Oft bleiben Schäden zurück, 1 bis 2 % der Erkrankten stirbt. Nachgewiesen werden können beide Erkrankungen durch Blutuntersuchungen oder durch die Untersuchung der abgelösten Zecke.

Weitere Informationen, auch hinsichtlich eines möglichen Schutzes durch Impfung, erhalten Sie beim Hausarzt oder unter www.zecken.de.

Motorsäge und sonstiges Arbeitsgerät

Und um es gleich vorweg zu sagen: Die Arbeit mit der Motorsäge ist gefährlich. Jedes Jahr kommt es bei Waldarbeitern zu Unfällen mit tödlichem Ausgang, obwohl es sich dabei um Profis handelt! Die Gefahren, die von der schnell laufenden Kette und den scharfen Schneidezähnen der Säge ausgehen, sollte man keinesfalls unterschätzen. Zwar gibt es, gerade was die technische Ausstattung betrifft, strenge gesetzliche Auflagen, die für die persönliche Sicherheit des Benutzers sorgen sollen. Wenn jedoch das 1 PS der Motorsäge außer Kontrolle gerät, ist Gefahr im Verzug.

Die Risiken lassen sich allerdings minimieren, wenn Sie Folgendes beachten:

- Kaufen Sie eine Motorsäge (und auch andere Werkzeuge), die für den beabsichtigten Einsatz geeignet sind und bei denen ein Gütesiegel bescheinigt, dass sie den gesetzlichen Normen entsprechen (siehe Praxistipp).
- Tragen Sie entsprechende Schutzausrüstung wie Helm, Schnittschutzhose und -schuhe sowie Handschuhe. Ausführlichere Erläuterungen finden Sie ab Seite 42.
- Beachten Sie die für den Bereich Forsten gültigen Unfallverhütungsvorschriften.
- Legen Sie sich Grundkenntnisse zu, ehe Sie in die Brennholzarbeit einsteigen. Manche Waldbesitzer lassen Selbstwerber ohne einen solchen Nachweis nicht im Wald arbeiten. Den Motorsägen-Führerschein kann man problemlos an einem Wochenende erwerben. Adressen solcher Kursanbieter finden Sie ab Seite 102.

Die Motorsäge

Angetrieben werden Motorsägen von einem Elektro- oder einem Benzinmotor. **Elektrosägen** werden einfach in die Steckdose gesteckt; die Kabellänge bestimmt den Radius. Um ans Haus geliefertes Kaminholz klein zu sägen, kann eine Elektrosäge durchaus ausreichend sein. Sie hat den Vorteil, dass sie nicht gewartet werden muss und immer einsatzbereit ist. Zudem ist sie abgasfrei und kann deshalb auch in geschlossenen Räumen verwendet werden. Und was die Nachbarn bestimmt schätzen werden: Sie ist viel leiser als eine benzinbetriebene Säge.

Eine **benzinbetriebene Motorsäge** ist das Standardgerät bei der Brennholzgewinnung. Wer sich eine solche zulegen will, sollte sich zuerst einmal fragen, wozu sie benutzt wird und wie dick das Holz ist, das zersägt werden soll. Daraus ergibt

> **PRAXISTIPP**
>
> Maschinen, Geräte, Werkzeuge sowie Schutzausrüstung (PSA) mit einem Prüfsiegel entsprechen den sicherheitstechnischen Anforderungen und dem Gerätesicherheitsgesetz (GSG). Wird das FPA- bzw. DLG-Zeichen vergeben, so ist eine erfolgreiche GS-Prüfung bzw. die Prüfung nach europäischer CE-Norm erfolgt. Sie bestätigen die Brauchbarkeit für die Waldarbeit.

Prüfsiegel: bestätigt die Brauchbarkeit eines Produkts.

sich dann u. a., wie stark der Motor und wie lang das Schwert sein muss. Wer unerfahren ist, tut sich mit einer leichteren Säge leichter, andererseits muss die Säge auch eine gewisse Leistung haben, damit die Arbeit zügig bewältigt werden kann. Wichtig sind daneben ergonomische Parameter: Wie hoch sind die Handgriffvibrationen? Ist der Motorsägenkörper gut ausbalanciert? Solche Gesichtspunkte erleichtern die Arbeit und lassen einen nicht so schnell ermüden – und gerade dafür ist man besonders bei längerer Arbeitszeit dankbar.

Und noch eines muss bedacht werden: Eine mit Benzin betriebene Motorsäge muss gewartet werden. Schmierstoffe sind zwingend notwendig, wenn das Gerät möglichst lange halten soll. Luftfilter und Zündkerzen sollten leicht ein- und auszubauen sein, sonst wird jede kleine Reparatur zu einer zeitintensiven Maßnahme.

Lassen Sie sich auf jeden Fall im Geschäft von einem Fachverkäufer erklären, wie man die Motorsäge handhabt, die Sie zu kaufen beabsichtigen. Und geben Sie Ihr Gerät auch nicht leichtfertig an Bekannte weiter. Minderjährige dürfen im Übrigen nicht mit der Motorsäge arbeiten. Ausgenommen sind Auszubildende, die unter fachkundiger Aufsicht stehen.

Die Motorsäge

vorderer Handschutz
Stoppschalter
Antivibrationsgriff
Gashebelsperre
Sicherheitskette
Krallenanschlag
Kettenfangbolzen

Schutzvorrichtungen

Motorsägen sind von der technischen Seite mit verschiedenen Vorkehrungen versehen, um maximale Sicherheit zu gewährleisten:

- Der **Stoppschalter** ist leicht erreichbar. Damit kann der Motor schnell ausgeschaltet werden.
- Vor dem Griffrohr liegt der **vordere Handschutz**. Wenn er nach vorne gedrückt wird, löst er die **Kettenbremse** aus. Dieser Mechanismus wird beispielsweise aktiviert, wenn die Säge plötzlich nach oben schlägt. Dann kommt die Kette in kürzester Zeit zum Stehen.
- Mit Hilfe des **Krallenanschlags** kann bei einlaufender Kette der Motorblock am Holzstück fixiert werden. Dadurch reduziert sich die Kickback-Gefahr (siehe auch weiter unten bei Sicherheitskette).
- Der **Kettenschutz** beugt Verletzungen beim Tragen und beim Transport vor. Der Köcher sollte auch bei kurzen Entfernungen immer angebracht werden.

> **PRAXISTIPP**
> Für die Brennholzarbeit sind Motorsägen mit einer Leistung zwischen 1,5 und 3 kW empfehlenswert. Die Schwertlänge sollte zwischen 30 und 40 cm liegen. Achten Sie unbedingt auf eine Sicherheitskette! Sie mindert das Kickback-Risiko (siehe Seite 50).

Vor der Fällung wird der Baum genau begutachtet.

> **PRAXISTIPP**
> Kontrollieren Sie die Kettenbremse, indem Sie mit der rechten Hand Gas geben und dann mit der linken gegen den Handschutz drücken. Die Kette muss sofort stillstehen.

- Der **Kettenfangbolzen** fängt eine abgerissene Kette auf.
- Eine **Sicherheitskette** reduziert durch spezielle Verbindungsglieder zwischen den Schneidezähnen die Rückschlaggefahr, den sogenannten **Kickback**. Diese erhöhte Sicherheit geht mit einer etwas niedrigeren Schnittleistung einher. Gerade Hobbysäger sollten darauf nicht verzichten.

Tanken und schmieren

Kraft- und Schmierstoffe sollten nur mit Hilfe eines Einfülltrichters eingefüllt werden, um ein Verschütten oder Überfüllen (Benzin ist extrem leicht entzündlich!) zu verhindern. Ist dennoch einmal Benzin oder Öl danebengegangen, sollte man das Gerät gleich säubern und eventuell verschmutzte Kleidung sofort wechseln. Beachten Sie, dass man nur an einem gut belüfteten Platz tankt, denn dann ist man vor austretenden Benzindämpfen geschützt.

Empfehlenswert ist ein **schadstoffarmer Sonderkraftstoff** sowie ein **biologisch abbaubares Kettenöl**. Dies ist am umweltschonendsten, neigt aber auch zu Verharzungen. Deshalb sollte der Schmieröltank bei längerem Stillstand immer geleert werden. Wer die Motorsäge längere Zeit nicht benutzt, sollte das Gerät leer fahren, bis der Motor abstirbt: Der Treibstoff reichert sich sonst beim Stehen mit Wasser an, was beim nächsten Mal das Starten behindert. Sinnvoll ist die Lagerung des Geräts in einem trockenen Raum, dann gibt es das nächste Mal beim Anlassen keine Schwierigkeiten.

Solange der Motor heiß ist, soll nicht getankt werden. Der Tankdeckel muss vorsichtig geöffnet werden, damit sich ein eventueller Überdruck langsam abbauen kann und kein Benzin herausspritzt. Schließen Sie nach dem Tanken den Verschluss wieder korrekt. Er könnte sich sonst durch die Vibrationen lösen und Brennstoff würde austreten.

Betanken der Motorsäge: nur mit Einfülltrichter.

- **Antivibrationsgriffe** verhindern, dass es zu Durchblutungsstörungen in Fingern und Armen kommt. Arme und Hände ermüden dadurch nicht so schnell und das Unfallrisiko verringert sich.
- Die **Gashebelsperre** liegt auf der Oberseite des hinteren Handgriffs, genau gegenüber des Gashebels auf der Unterseite. Ohne diese Sperre zu drücken, kann nicht Gas gegeben werden und der Motor läuft nur im Leerlauf: Unbeabsichtigtes Gasgeben wird dadurch verhindert.

Während der Arbeit muss die Kette immer wieder nachgespannt werden.

Vor Arbeitsbeginn sollte immer überprüft werden, ob die Ölversorgung funktioniert: Dazu bringen Sie die Säge auf Drehzahl und halten Sie dann über ein auf dem Boden liegendes Stück Papier. Darauf muss sich das herausfliegende Öl abzeichnen. Gut geschmiert ist gut geschnitten! Daneben trägt das Öl dazu bei, dass die Kette nicht so schnell verschleißt.

Spannen

Ein Sägeblatt gibt es bei einer Motorsäge nicht, sondern ein längliches Metallblatt, das Schwert. An seinen Kanten ist eine Nut eingelassen, in der eine Rollenkette rings um das Schwert läuft. Die Kette hat Sägezähne auf der Außenseite, die die Hauptarbeit verrichten: Sie hobeln Holzspäne aus dem Stamm oder dem Ast heraus.

Eine scharfe Kette erleichtert die Arbeit: Damit kommt man schneller voran und man schont zusätzlich den Motor. Immer wieder muss die Kettenspannung überprüft werden, denn läuft sie heiß, dehnt sie sich aus und die Motorsäge sägt nicht mehr optimal. Im kalten Zustand zieht sie sich wieder zusammen, dann kann sie zu straff gespannt sein und könnte reißen. Vom Hersteller wird meist angegeben, wie groß im kalten Zustand der Spalt zwischen Kette und Schwert sein muss. An diese Empfehlungen sollte man sich halten!

Haben Sie während der Arbeit nachgespannt, sollten Sie hinterher auch wieder ans Entspannen denken. Dass diese Wartung leicht durchzuführen ist, ist im Übrigen auch ein Kaufkriterium: Bei manchen Modellen braucht man drei Hände, um diese immer wieder notwendige Maßnahme zu bewerkstelligen.

Schärfen

Jede Kette muss nach einer gewissen Zeit nachgeschliffen werden. Dieser Zeitpunkt ist gekommen, wenn man die Säge aktiv ins Holz drücken muss und sie sich nicht mehr von selbst hineinzieht: Der Arbeitsfortschritt verringert sich.

Im Fachgeschäft wird eine Kette meist für einen Betrag unter 4 Euro geschliffen. Wer sich nicht selbst ans nicht ganz einfache Schleifen wagen will, ist gut bedient, wenn er mehrere Ketten vorhält und diese abwechselnd nachschärfen lässt. Oft übernehmen auch Waldarbeiter für ein geringes Entgelt diese Arbeit.

Wer es selbst versuchen will, sollte die seiner Kette beigelegte Anleitung lesen. Dort steht beispielsweise, welchen Durchmesser die eingesetzte Rundfeile haben muss. Zum Schärfen wird die Säge in einen Schraubstock gespannt und die Kette blockiert, indem der Handschutz nach vorn gedrückt wird. Von oben sieht man nun auf das Zahndach, das – je nach Kette – unterschiedliche Schärfwinkel haben kann. Um den richtigen Winkel zu erreichen, gibt es verschiedene Schablonen oder Feillehren, die mit einem Magneten an der Führungsschiene befestigt werden. Im Vorwärtsstrich wird nun die Feile im Winkel angesetzt und das Kettenglied in einem genau angegebenen Winkel von innen nach außen gefeilt. Wichtig ist, die Feile immer im rechten Winkel zur Führungsschiene zu führen. Zum Nachschärfen reichen zwei Feilenstriche aus, sie müssen an jedem einzelnen Kettenglied (nur an diesen, nicht an den Verbindungsgliedern) erfolgen. Nachdem es rechte und linke Zähne gibt, ist es zweckmäßig zuerst alle auf der einen und dann alle auf der anderen Seite zu feilen. Und noch eines muss man beachten: Alle Zähne müssen gleich lang sein, sonst reagiert die Kette mit einem unruhigen Lauf, da nur die längsten (und damit höchsten) Zähne schneiden.

> **DIE RICHTIGE KETTE**
>
> Die Wahl der richtigen Kette ist eine Wissenschaft für sich. Am besten lässt man sich dabei von einem Fachmann beraten. Grundsätzlich unterscheidet man zwischen **Vollmeißel-, Halbmeißel- und Rundmeißelketten**. Erstere werden von Profis benutzt, sie haben spitze Zähne mit steilen Flanken, die einen raschen Arbeitsfortschritt gewährleisten. Auf der anderen Seite reagieren sie sehr rasch mit einem Kickback auf Ausrutscher in den Boden oder in einen Stein. Rundmeiselketten sind für Hobbysäger gedacht. Sie sind nicht so aggressiv, verzeihen aber eher Handhabungsfehler.

Feilen der Sägenkette: „Frei Hand" können das nur die Profis.

Im nächsten Arbeitsgang wird der Tiefenbegrenzer kontrolliert, der hinter dem Zahndach liegt. Er ist dafür verantwortlich, wie tief die Säge ins Holz eindringen kann. Ist der Abstand zwischen Zahndach und Tiefenbegrenzer zu klein, muss mit einer speziellen Feile ebenfalls nachgearbeitet werden.

Kontrollieren statt reparieren

Bei kleinen Wartungsarbeiten können Sie sich den Gang in die Werkstatt und umfangreichere Reparaturen sparen. Sägen Sie nur sporadisch, sollten Sie die Motorsäge einmal monatlich für fünf bis zehn Minuten anlassen, damit der Motor geschmiert und die Vergasermembranen feucht gehalten werden. Eine Inspektion in der Kundendienst-Werkstatt ist ab und an empfehlenswert. Welche Intervalle sinnvoll sind, ist von den Einsatzbedingungen (z. B. stark harzendes Holz wie Kiefer) und natürlich den Arbeitszeiten (gelegentlich? regelmäßig?) abhängig.

Im Prinzip sind es nur wenige Dinge, die regelmäßig überprüft werden sollten:

- Ist der Gashebel leichtgängig? Wenn dem nicht so ist oder der Motor nicht wieder auf Leerlauf zurückgeht, muss die Säge gewartet werden.
- Funktioniert die Kettenbremse? Ist sie gereinigt? Ist der Kettenfangbolzen unbeschädigt? Wenn nicht, muss dieser sofort ausgewechselt werden. Auch das Bremsband der Kettenbremse muss gereinigt bzw. ersetzt werden, wenn es beschädigt ist.
- Ist der Luftfilter sauber? Ist er beschädigt oder durchlöchert?
- Immer wieder muss die Schiene gewendet werden, damit die Abnutzung auf beiden Seiten gleichmäßig ist. Bitte überprüfen Sie, ob die Schmieröffnung frei ist! Reinigen Sie bei Bedarf die Bohröffnungen für die Schmierung und die Kettennut.
- Ist die Kette scharf? Passt die Spannung?
- Sitzt der Zündleitungsstecker ganz fest? Es könnten sonst Funken schlagen, die austretenden Kraftstoff in Brand setzen.
- Sind die Schlitze am Lufteinlass der Startvorrichtung sauber? Grundsätzlich sollten das Gehäuse und die anderen Teile immer wieder mit Pinseln gründlich von Schmutz gereinigt und die Schrauben auf einen festen Sitz hin kontrolliert werden.
- Funktioniert der Stoppschalter?
- Immer wieder müssen die Zündkerzen gereinigt und der Abstand der Elektroden muss überprüft werden.

Kleinere Reparaturen – selbst erledigt

Einige Störungen treten bei Kettensägen mit großer Regelmäßigkeit auf. Oft sind auch ganz profane Dinge wie ein leerer Öl- oder Kraftstofftank die Ursache, wenn der Motor nicht anspringt. Hier finden Sie die häufigsten Störungen und wie sie schnell und einfach behoben werden können.

Sommer- und Winterbetrieb

Wenn im Winter die Motorsäge ausfällt, kann der Vergaser vereist sein, denn bei Temperaturen knapp um den Gefrierpunkt und hoher Luftfeuchtigkeit tut er das besonders schnell. Die meisten Zweitakter können daher von Sommer- auf Winterbetrieb umgestellt werden. Dazu verstellt man in der Regel eine kleine Klappe, sodass vom Motor vorgewärmte Luft aus dem Bereich der Kühlrippen angesaugt wird. Wo sich bei Ihrer Säge diese Klappe befindet, können Sie der Betriebsanleitung entnehmen.

Luftfilter reinigen

Ist der Luftfilter verschmutzt, kann nicht genug Sauerstoff angesaugt werden: Die Leistung sinkt, der Kraftstoffverbrauch steigt und die Maschine lässt sich schwer anwerfen. Alle fünf Betriebsstunden sollte der Luftfilter gereinigt werden.

Damit kein Schmutz in den Vergaser gelangen kann, wird die Abdeckung vor dem Entfernen mit einem Pinsel gereinigt. Dann wird der Filter mit einer Seifenlauge gewaschen und danach mit sauberem Wasser gespült. Vor dem Wiedereinsetzen muss er vollständig getrocknet sein!

Zündkerzen-Check

Ist der Luftfilter gereinigt und der Motor springt immer noch nicht an, sollten Sie überprüfen, wie die Zündkerze aussieht. Bei richtig eingestelltem Motor haben die Kerzen ein „braunes Gesicht", d. h. der Isolatorfuß ist graugelb bis braun gefärbt. Bei dickem trockenen Ruß, einem feuchten Rußbelag oder einem weißgebrannten Isolatorfuß sollten Sie einen Fachmann hinzuziehen. Verschmutzte Kerzen reinigt man mit einer weichen Messingdrahtbürste. Mit einer Fühllehre prüfen Sie den Abstand der Zündelektroden. Der richtige Abstand steht in der Betriebsanleitung. Ist der Motor abgesoffen, verfahren Sie wie auf Seite 48 beschrieben.

Motor stockt

Stottert der Motor oder zeigt er nachlassende Leistung, kann der Kraftstofffilter verstopft sein. Insbesondere beim Betanken können leicht Schmutzpartikel in den Tank geraten. Hilfreich sind deshalb Ventilstutzen, die den Tank beim Befüllen nach außen abdichten. Einen verstopften Filter ziehen Sie mit einem gebogenen Draht aus dem Tank. Manchmal muss auch das ganze Filterelement ausgetauscht werden.

Vergaser überprüfen

Sind Luftfilter, Zündkerze und Kraftstofffilter überprüft worden und der Motor springt immer noch nicht an, muss die Vergasereinstellung kontrolliert werden. Der Leerlauf lässt sich leicht mit der Leerlaufanschlagschraube (LA, T oder S) einstellen. Dabei muss der Motor warm und der Luftfilter sauber sein.

Geht der Motor im Stand aus, ist die Leerlaufgeschwindigkeit zu niedrig. Drehen Sie dann die Schraube langsam im Uhrzeigersinn, bis die Kette mitläuft. Anschließend wird die Schraube eine Viertelumdrehung zurückgedreht.
Läuft die Kette im Leerlauf mit, ist die Leerlaufgeschwindigkeit zu hoch. Drehen Sie dann die Schraube entgegen dem Uhrzeigersinn, um die Motordrehung zu verringern.

Schutzkleidung

Ihrer Motorsäge ist es egal, ob sie einen Ast durchschneidet – oder Ihr Bein. Das sollten Sie im Hinterkopf haben, wenn Sie bei der Anschaffung von Schutzkleidung zögern sollten.
Schnittschutzhosen sind jedenfalls unerlässlich. Es gibt sie als Latzhose oder lediglich als Beinlinge. Als Anfänger sollten Sie auf einen Rundumschutz der Beine achten. Spezielle Vliese, die als Unterlage eingearbeitet sind, bringen nach einem Abrutschen der Säge aufs Bein das Kettenrad sofort zum Stillstand, indem sich Tausende Fasern um die Kette wickeln. Größeren Tragekomfort bietet eine Hose mit Zwickel aus dehnbarem Material im Schrittbereich und ausreichend vielen Taschen (u. a. für das Erste-Hilfe-

> **PRAXISTIPPS**
> Tragen Sie keine Kleidung, die sich im Gestrüpp verfangen kann. Sie darf allerdings auch nicht so eng sein, dass sie Sie in der Bewegung behindert.
> Längere Haare sollten Sie zusammenbinden; Schmuck und Schals ablegen.
> Erwerben kann man die notwendige und zweckmäßige Kleidung in Baumärkten (gut sortiert sind beispielsweise die Raiffeisen-Märkte) und speziellen Ausrüstungsläden oder Versandkaufhäuser, z. B. über www.grube.de.

Schutzkleidung

Paket und den Meterstab). Achten Sie auf möglichst stabile Nähte; am besten halten Dreifach-Nähte! Schnittschutzeinlagen dürfen nie durchgenäht werden. Wenn mehr als der Oberstoff durch die Kette durchschnitten wurde, muss die Hose ausgesondert werden.

Sicherheitsschuhe sehen aus wie Trekkingschuhe, sind aber mit einem Schnittschutz im Spann- und Knöchelbereich, einer stählernen Zehenschutzkappe sowie einer rutschfesten, nicht durchstechbaren Sohle ausgerüstet. Diese speziellen Schuhe verhindern Verletzungen, wenn die Säge abrutscht und die Kette in den Fußbereich gelangt. Häufig besitzen sie eine Nässeschutz-Membran wie GORE-TEX oder Sympatex. Gummistiefel werden dadurch überflüssig. Sicherheitsschuhe müssen eine Mindestschaftlänge von 19,5 cm haben.

Ein **Helm** sorgt für Sicherheit im Kopfbereich. Das Visier schützt vor Zweigen und Holzsplittern. Auf jeden Fall muss ein Gehörschutz (er ist beim Kauf am Helm befestigt und sollte auch nicht abgenommen werden) getragen werden, denn auf den Bediener der Kettensäge wirken Schallpegel von mehr als 100 dB(A). Zum Vergleich: In einer Diskothek ist man 110 Dezibel ausgesetzt, ab 120 werden Schallwellen als Schmerz empfunden. Da Kunststoff altert, sollte der Helm nach drei bis fünf Jahren ausgetauscht werden.

Schließlich schützen **Schutzhandschuhe** vor Handverletzungen und halten Kälte, Nässe und Schmutz ab. Universal-Lederhandschuhe mit Textilrücken sind genau das Richtige.

Schutzkleidung trägt zur Arbeitssicherheit bei.

Was Sie sonst noch brauchen

Menschliche Begleitung und Notfall-Set
Vor allen Dingen sollten Sie bei der Waldarbeit einen **Begleiter** dabei haben, der Ihnen bei einer Verletzung sofort Erste Hilfe leisten kann. Einen **Verbandskasten** sollten Sie aus diesem Grund

Der Kombikanister enthält Kraftstoff und Kettenöl.

ebenfalls immer mit sich führen sowie ein **Handy**. Wenn Sie mit dem Auto im Wald sind, sollte es so abgestellt sein, dass im Notfall gleich losgefahren werden kann. Gleichzeitig sollte es die Zufahrt zu Ihnen nicht blockieren.

Als Motorsägenführer müssen Sie auf Ihre Begleiter Rücksicht nehmen: Diese dürfen sich nie im Arbeitsbereich Ihrer Säge aufhalten. Der Sicherheitsabstand zur Säge beträgt 2 bis 3 Meter, beim Fällen 2 Baumlängen.

Motorsägenzubehör
Mit dabei ist eine **Ersatzkette**, ein **Kombikanister** für das Kraftstoffgemisch sowie das Kettenöl und ein **Kombinationsschlüssel**. Letzteren braucht man, um die Kette zu spannen und die Zündkerze zu wechseln.

Fällheber und Wendehaken
Bei der Arbeit ist es oft notwendig, einen Baum oder einen Stammabschnitt zu wenden, sei es, um Äste auf der Unterseite zu entfernen oder einfach eine bessere Arbeitsposition zu erreichen. Dazu braucht man einen **Wendehaken**. Wollen Sie beim Aufarbeiten Bäume fällen, so kann es vorkommen, dass diese sich in einem stehenden Baum verhaken, „sich aufhängen". In diesem Fall wird der Baum mit Hilfe des Wendehakens vom Stock gedreht. Andere Methoden sind laut Unfallverhütungs-Vorschriften nicht zulässig.

Ähnlich einsetzbar wie der Wendehaken ist ein **Fällheber mit Wendehaken**. Mit seiner Hilfe kann ebenfalls liegendes Holz gewendet werden. Sein klassischer Einsatzbereich ist aber die Fällarbeit von dünneren Bäumen: Dann wird er in den Fällschnitt eingesetzt, um den Baum umzudrücken. Als Obergrenze gilt dabei ein Brusthöhendurchmesser des zu fällenden Baumes von 25 cm. Zum Einsatz kommt in diesem Fall ein Fällheber mit einer Länge von 130 cm. Wird der Fällheber zum Wenden oder Abdrehen eingesetzt, darf an ihm nur gezogen und nicht gedrückt werden.

Mit dem Fällheber ist grundsätzlich nur Ein-Mann-Arbeit gestattet: Dadurch soll vermieden werden, dass sich Motorsäge und Fällheber gleichzeitig im Fällschnitt befinden. Ist dies der

Fällheber mit Wendehaken.

Fall, kann es nämlich zu einem Kontakt zwischen Säge und Fällheber kommen: Ein Zurückschlagen der Säge oder ein Kettenriss mit den daraus resultierenden möglichen schweren Verletzungen wären die Folge.

Keil

Keile werden beim Fällvorgang und beim Spalten eingesetzt. **Fällkeile** bestehen aus Kunststoff, Aluminium oder einer Kombination aus Holz und Aluminium. Aus Stahl sollten sie nicht sein, denn wenn man in einen Stahlkeil sägt, schlägt die Säge sofort zurück. Meist werden Holz-Alukeile bevorzugt verwendet, denn hier kann das Holzstück ausgetauscht werden. Ist dagegen ein Alukeil am hinteren Ende stark verzogen, muss er entsorgt werden.

Wird zum Spalten ein **Spaltkeil** aus Stahl verwendet, so sollte er einen Kunststoffeinsatz besitzen, denn der Schlag Stahl auf Stahl kann immer wieder zu gefährlichen Absplitterungen führen. Alternativ kann ein Stahlkeil mit einem Kunststoffhammer vorgetrieben oder ein Alukeil eingesetzt werden. Beim Spalten ist das Tragen einer Schutzbrille Pflicht, ebenso feste Kleidung. Außerdem sollte bei dieser Arbeit niemand in der Nähe sein.

Keile unterstützen den Fällprozess.

Axt

Eine Axt wird bei der Arbeit mit der Motorsäge gebraucht, um die Keile einzuschlagen, mit denen der Baum zu Fall gebracht wird. Später kommt sie beim Entasten zum Einsatz. Eine **Fällaxt** unterscheidet sich von einer speziellen **Spaltaxt** durch ihren geringeren Keilwinkel. Die Länge des Stiels sollte in beiden Fällen auf den Benutzer abgestimmt sein. Grundsätzlich gilt: Je länger der Stiel, desto größer die ausgeübte Kraft und desto größer natürlich auch der Kraftaufwand.

Universell zum Keilen, Entasten und Spalten einsetzbar und daher sehr beliebt ist beispielsweise die **Universal-Forstaxt**. Der Kopf hat ein Gewicht von etwa 1200 Gramm, die Länge liegt bei 64 bis 70 cm. Welche Axt beim Spalten sinnvoll ist, wird auf Seite 69 erörtert.

Messwerkzeuge

Ein Messgerät ist zwingend notwendig, wenn das Holz
- in ofengerechte, gleich lange Stücke gesägt und
- zur Preisfindung vermessen werden soll.

Gängige Geräte sind ein **Ablängstab**, eventuell mit einem Reißmeter am Ende. Sie können aber auch einen Meterstab verwenden oder einen Ast in entsprechender Länge im Wald absägen und Markierungen von Ihrer Begleitperson anbringen

> **PRAXISTIPP**
> Eine Axt sollte man immer mit Klingenschutz transportieren – das kommt Klinge wie Fingern zugute.
> Bei allen Spaltwerkzeugen sollte man darauf achten, dass sie gut in der Hand liegen und der Kopf fest mit dem Stiel verbunden bzw. im Öhr fest verkeilt ist.

lassen. Eine solche Arbeitsteilung erleichtert den Arbeitsfortschritt!

Überlegen Sie sich vorher, wie lang die Abschnitte sein sollen! Besonders wenn manuell ein Stück vorgeliefert werden muss, tun Sie Ihrem Rücken einen Gefallen, wenn Sie nicht so schwer schleppen müssen. 2-Meter-Abschnitte können dann schon zu lang sein. Und wenn später die Ofentür dafür zu klein ist, ist der Ärger ebenso groß.

Handpackzange

Handpackzangen erleichtern das Tragen von Holz enorm und schonen den Rücken, denn Sie müssen sich beim Aufnehmen nicht ganz bis zum Boden bücken. Zu zweit lassen sich auf diese Weise auch längere Stücke problemlos transportieren. Achten Sie beim Kauf auf die Greifweite! Gängig sind Klauenöffnungen zwischen 190 und 270 Millimetern. Je dünner das Holz, das Sie befördern möchten, desto kleiner kann die Weite sein.

Handpackzange.

Die Arbeit mit der Motorsäge

Ob Sie nun im Wald Bäume fällen und aufarbeiten wollen oder ob Sie „nur" Abschnitte auf Ofenlänge sägen wollen: Es gibt grundsätzliche Dinge, die beim Umgang mit der Motorsäge beachtet werden müssen. Die beste Methode, sich mit dem Gerät vertraut zu machen, ist auf jeden Fall ein Motorsägenkurs. Hier erfährt man von Fachleuten komprimiert und in relativ kurzer Zeit, wie man mit der Motorsäge sicher und ergonomisch richtig arbeitet. Diese theoretischen Kenntnisse kann man dann gleich unter Aufsicht in die Praxis umsetzen. Grundsätzlich sollte man, bevor man in die Brennholzwerbung einsteigt, die verschiedenen Schnitttechniken verinnerlicht haben und sicher beherrschen, ehe man sich mit der Motorsäge in den Wald aufmacht. Anfänger sollten nur liegendes, nicht unter Spannung stehendes Holz (Erläuterung Seite 51) aufarbeiten und das Fällen den Profis überlassen.

> **MECHANISCHE ALTERNATIVEN ZUR MOTORSÄGE**
> Einfacher zu handhaben als die Motorsäge ist eine **Bügelsäge**. Diese sollte mit einem scharfen Blatt ausgestattet sein. Bei einem **Holzdurchmesser bis Armstärke** wird sie selbst von Profis gern verwendet. Bedenken Sie aber: Auch Bügelsägen sind scharfe Werkzeuge!

Arbeitsbeginn

Vor dem eigentlichen Sägen wird die persönliche Schutzausrüstung angelegt und die Funktionstüchtigkeit der Motorsäge überprüft (siehe Seite 41). Die Handgriffe sollten sauber sein, da besonders Harz und Öl beim Arbeiten stören. Nachdem Sie sich davon überzeugt haben, dass sich niemand im Schwenkbereich der Motorsäge (Umkreis etwa 2 Meter) aufhält, kann der Motor gestartet werden. Jeder Motorsäge ist eine Gebrauchsanweisung beigelegt, die Sie vor dem erstmaligen Einsatz der Säge lesen sollten.

Das Anlassen

Jede Motorsäge hat beim Anlassen ihre Besonderheiten, da die Hersteller unterschiedliche Wege gehen, um dem Benutzer den Startvorgang zu erleichtern.

Vorschriftsgemäßes Anlassen der Motorsäge.

Üblicherweise wird die Motorsäge in folgenden Schritten angelassen:
- Zuerst wird die Kettenbremse blockiert, denn bei laufender Kette besteht ein Verletzungsrisiko. Dazu wird der vordere Handschutz nach vorn gedrückt.
- Jetzt wird der Schutzköcher abgenommen.
- Je nach Modell erleichtern Dekompressionsventil oder Kraftstoffpumpe das Anlassen. Beachten Sie hierzu die Gebrauchsanleitung!
- Bei allen Maschinen wird zuerst der Zündschalter eingeschaltet und dann auf „Choke" gestellt. Dadurch wird der kalte Motor mit einem Gemisch aus relativ viel Kraftstoff und wenig Luft versorgt. Dazu wird der Gashebel auf Halbgas gestellt und arretiert.
- Zum Starten wird die Motorsäge auf dem Boden abgestellt. Die Schneidgarnitur berührt den Boden nicht! Sie fassen nun das Griffrohr mit der linken Hand und ergreifen mit der rechten das Anwurfseil. Wenn Sie mit dem Schuh in den hinteren Griff treten, stabilisieren Sie die Säge. Profis starten eine Maschine, indem sie die Säge zwischen die Oberschenkel klemmen – als Hobbysäger sind Sie aber mit dem Bodenstart auf der sicheren Seite.
- Ziehen Sie jetzt langsam am Seil, bis Sie einen Widerstand spüren. Jetzt mehrmals kräftig ziehen, bis der Motor kurz startet und dann gleich wieder ausgeht.
- Der Choke wird wieder in die Ausgangsposition gebracht, damit eine zu starke Benzinzufuhr verhindert wird.
- Ziehen Sie jetzt wieder am Seil, bis der Motor anspringt und dieses Mal auch anbleibt.
- Nach dem Antippen des Gashebels springt er in die Leerlaufstellung zurück.
- Jetzt können Sie die Motorsäge hochnehmen. Die linke Hand hält das Griffrohr. Mit den Fingern ziehen Sie jetzt die Kettenbremse zu sich her. Nun ist die Kette wieder beweglich und Sie können loslegen.

> **WENN DER MOTOR ABGESOFFEN IST**
> Ist der Motor geflutet oder abgesoffen, so kann man auf zwei Wegen versuchen, dies zu beheben:
> 1. Die Maschine auf den Boden stellen und mit dem rechten Knie festhalten. Während mit der linken Hand Vollgas gegeben wird, zieht die rechte das Anwerfseil mehrmals hintereinander schnell nach oben.
> 2. Springt die Maschine nicht an, muss die Zündkerze ausgebaut werden. In diesem Zustand wird bei ausgeschalteter Zündung das Anwerfseil mehrmals gezogen, um den Zylinder zu lüften.
> Bevor die Zündkerze wieder eingebaut wird, wird diese eventuell gesäubert oder ausgetauscht (siehe Seite 42).

Wenn die Maschine einmal warm gelaufen ist, muss der Choke nach einer Arbeitspause zum Anlassen nicht mehr betätigt werden. Sein Einsatz wäre sogar kontraproduktiv, da das zu fette Kraftstoffgemisch den Motor fluten und damit die Zündung verhindern würde.

Alles im Griff

Gehalten wird die Motorsäge grundsätzlich mit beiden Händen, wobei die Daumen die Haltegriffe fest umschließen. Die rechte Hand ist immer am hinteren Griff – das gilt auch für Linkshänder. Zum Schneiden wird das Gerät möglichst am Stamm oder auf dem Oberschenkel abgestützt. Dadurch muss nicht so viel Kraft für die Haltearbeit aufgebracht werden und die persönliche Sicherheit des Motorsägenführers wird erhöht. Zusätzlich hilft der Krallenanschlag, den Motorblock am Holz zu fixieren.

Noch bevor die Kette in die Rinde einsägt, muss sie laufen. Geschnitten wird mit möglichst hoher Drehzahl, während des Schnitts wird die Motorsäge ruhig gehalten. Auch wenn die Säge aus

Ablängen mithilfe eines Sägebockes: So wird die Wirbelsäule entlastet.

dem Holz gezogen wird, muss sie laufen, sonst kann sie verklemmen.

Der Motorsägenführer muss immer so stehen, dass er möglichst nicht aus der Balance gebracht werden kann: Die Beine stehen deshalb seitlich versetzt zueinander in Schrittstellung, wobei der vordere Fuß nie vor den vorderen Haltegriff gesetzt werden darf. Läuft die Motorsägenkette, so darf sich im Umkreis von etwa 2 Metern – so weit ist etwa der Schwenkbereich – niemand aufhalten!

Schnitttechniken

Bei jedem Ansetzen der Motorsäge sollten Sie sich vorher genau überlegen, in welcher Richtung eingeschnitten werden soll, denn eine spätere Korrektur ist nicht mehr möglich bzw. führt dazu, dass das Schwert und die Kette verklemmen. Bei der Vorstellung der Schneideverfahren wird davon ausgegangen, dass der Durchmesser des zu schneidenden Stückes nicht größer ist als die Länge des Motorsägenschwerts.

Die Arbeit mit der Motorsäge

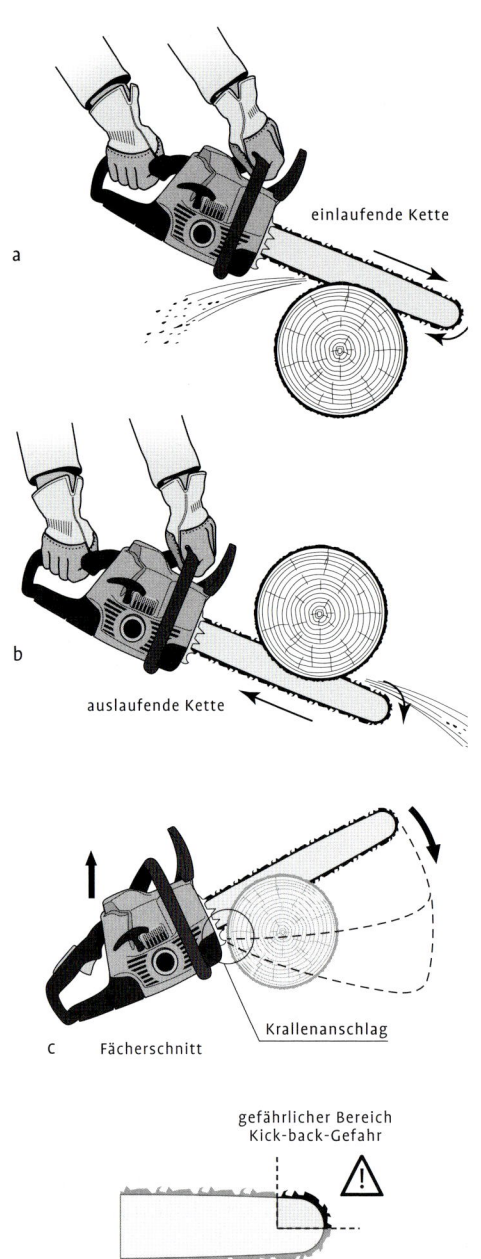

a — einlaufende Kette
b — auslaufende Kette
c — Fächerschnitt, Krallenanschlag
d — gefährlicher Bereich Kick-back-Gefahr

Grundsätzlich gibt es drei verschiedene Schnitttechniken, deren unterschiedliche Wirkung Sie unbedingt an einem auf einem Sägebock aufgelegten Stück Holz mehrmals ganz bewusst ausprobieren sollten.

Schnitt mit Schwertunterseite und einlaufender Kette

Diese Schnitttechnik ist am gefahrlosesten und sollte die Regel sein! Der Schnitt erfolgt mit ziehender Kette, d. h. sie läuft in Richtung Motorblock und die Motorsäge zieht sich durch die Zugkraft selbst ins Holz. Bei dieser Schnittart liegt die Motorsäge auf dem Holz auf. Das Eigengewicht der Kette erhöht ihre Zugkraft und die Maschine wird abgestützt. Diese Art der Schnittführung ist besonders kraftsparend und sicher. Zu Gefahrenmomenten kann es kommen, wenn bei der Arbeit die Sägekette kurz klemmt, weil sie beispielsweise auf einen Nagel im Holz gestoßen ist. Dann kann die Motorsäge mit einem Ruck zum Holz hin gezogen werden: Aus diesem Grund ist es hilfreich, wenn der Krallenanschlag angesetzt ist.

Eine Variante dieses Schnitts ist der **Fächerschnitt**. Dabei wird die mit dem Krallenanschlag abgestützte Motorsäge um den Drehpunkt geschwenkt.

Schnitt mit Schwertoberseite und auslaufender Kette

Wird mit der Schwertoberseite (d. h. mit schiebender Kette) geschnitten, so befindet sich das zu sägende Holzstück über der Kette. Dabei muss die Motorsäge unter erheblichem Kraftaufwand auf dem Oberschenkel abgestützt und aktiv ans Holz gedrückt werden. Die rechte Hand drückt den Griff nach unten, die linke Hand zieht am Bügel nach oben (Drehpunkt). Klemmt beim Sägen mit der Schwertoberseite die Kette, so kann der Motorblock in Richtung Motorsägenführer gestoßen werden. Um dies zu vermeiden, sollte ein Verdrehen oder Verklemmen des Schwertes unterbleiben.

Schnitt mit der Schwertspitze

Besondere Vorsicht ist geboten, wenn mit der Schwertspitze bei schiebender Kette gearbeitet wird. Nicht-Profis sollten diesen sogenannten **Stechschnitt** tunlichst unterlassen, denn bei dieser Schnittart besteht akute **Kickback-Gefahr!** Kickback heißt, dass die Kette plötzlich in Richtung Benutzer zurückgeschleudert werden kann, beispielsweise wenn sie in diesem Bereich auf ein Hindernis stößt oder an der Schienenspitze kurz eingeklemmt wird. Zwar wurde von den Herstellern versucht, durch spezielle Umlenksterne in Verbindung mit bestimmten Sicherheitsgliedern an der Kette die Rückschlaggefahr zu verringern, ganz ausgeschlossen werden kann sie aber nicht. Um das Kickback-Risiko gering zu halten, sollte ein Sägen mit der Schienenspitze unterbleiben (siehe Grafik auf Seite 50)! Gerade beim Entasten ist immer darauf zu achten, dass man nicht unbeabsichtigt auf einen weiteren Ast trifft.

Grundsätzlich sollte nie über Schulterhöhe gesägt werden. Kommt es doch zu einem Kickback-Effekt, so ist man auf eine funktionierende Kettenbremse zwingend angewiesen, denn sie bringt in Sekundenbruchteilen die Kette zum Stehen.

Spannungen im Holz

Spannungen im Holz sind immer gefährlich: Die Motorsäge kann einklemmen, ein Baumstück kann zurückschlagen. Oft sind solche Spannungsverhältnisse auf den ersten Blick nicht sichtbar, wenn auch äußerlich keine Verformung des in Spannung befindlichen Holzstücks zu sehen ist.

Beim stehenden Baum sind Spannungen im Holz oft dadurch zu erahnen, dass sich die Baumspitze nicht senkrecht über dem Stammfuß befindet, der Baum also schief gewachsen ist. Die Seite, auf die sich der Baum neigt, befindet sich dann meist unter Druck, die andere unter Zug.

Liegt ein Baum oder ein Holzstück am Boden und ist auf einer Seite höher gelagert bzw. hängt

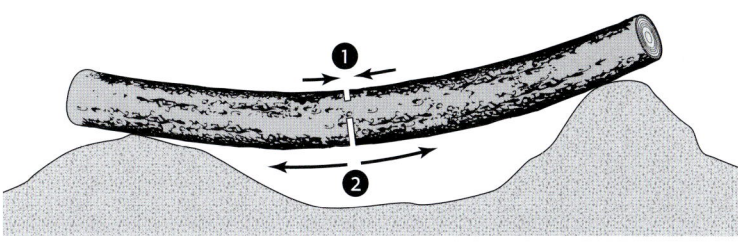

1. kleiner Entlastungsschnitt an der Druckseite (→ ←)
2. **erst danach** Trennschnitt an der Zugseite (← →)

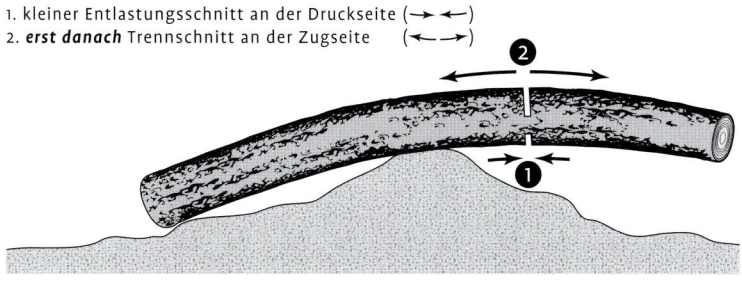

Auf der einen Seite werden in der Biegung die Holzfasern zusammengestaucht bzw. zusammengedrückt, auf der Gegenseite werden sie gedehnt und auseinandergezogen. Wird die Mitte zusätzlich belastet, so kann es sein, dass das Stück auseinanderbricht.

Die Arbeit mit der Motorsäge

Freiräumen des Arbeitsfeldes vor der Fällung.

1. Auf der Druckseite kann das Schwert eingeklemmt werden, weil der Schnitt „zu" macht.
2. Wird auf der Zugseite eingeschnitten, können die Fasern von selbst weiterreißen. Wird das Holzstück ganz durchtrennt, so kann ein Abschnitt „ausschlagen" und den Motorsägenführer treffen.

Grundsätzlich gilt deshalb, dass man sich im Vorfeld immer genug Zeit lassen sollte, um die Spannungen im Holz richtig zu beurteilen. Von stark verspanntem Holz, wie es im Windbruch vorkommt, sollten Sie als Nicht-Profi die Finger lassen! Hier besteht Lebensgefahr! Aus Sicherheitsgründen ist es ratsam, beim Schneiden grundsätzlich etwas seitlich der Schnittstelle zu stehen, um bei einer Fehleinschätzung der Spannungsverhältnisse nicht getroffen zu werden.

Beachten Sie immer bei verspanntem Holz: Zuerst wird in die Druckseite gesägt. Erst dann wird mit Gefühl in die Zugseite gesägt. Besteht eine seitliche Spannung, sollte man beim Sägen immer auf der Druckseite stehen.

■ Bei unter Spannung stehendem Holz mit der **Druckseite unten** (siehe Grafik Seite 51 oben) wird mit einem parallelen Schnitt oder einem Fächerschnitt von unten das Schwert so weit wie möglich ins Holz geführt, ohne dass die Säge zu klemmen droht. Anschließend wird von oben der Trennschnitt vollendet.

■ Unter Spannung stehendes Holz, bei dem die **Druckseite oben** liegt, wird von oben so weit eingesägt, dass die Kette nicht klemmt. Anschließend wird der Trennschnitt von unten durch, so befindet sich die Unterseite der Schwerkraft folgend mehr oder weniger stark auf Zug, die Oberseite auf Druck. Steht beispielsweise ein Ast im Winkel nach oben, so ist die Unterseite auf Druck, die Oberseite auf Zug.

Trennschnitte bei verspanntem Holz

Schneidet man mit der Motorsäge in ein mehr oder minder verspanntes Holzstück ein, so gibt es zwei Möglichkeiten:

> **PRAXISTIPP**
> Keinesfalls sollte bei Trennschnitten
> ■ auf dem Baum stehend
> ■ über Schulterhöhe
> ■ einhändig
> gearbeitet werden! Ansonsten besteht Verletzungsgefahr!

vollendet (siehe Grafik Seite 51 unten). Da diese Arbeit mit auslaufender Kette erfolgt, muss die Motorsäge gut abgestützt werden.

Auch Äste stehen häufig unter Spannung, weil sie sich in den Boden gebohrt haben, weil sich die Astspitzen verhakt haben oder weil sie aufgrund ihres Gewichts von der Schwerkraft nach unten gezogen werden.

Die Arbeit im Wald

Beim nun folgenden Ablauf wird davon ausgegangen, dass relativ dünne Bäume gefällt, aufgeastet und dann mit einem Trennschnitt in Abschnitte unterteilt werden.

DIE AUSRÜSTUNG FÜR DEN WALD

Motorsäge	Kombikanister
Fällkeile	Axt
Werkzeug	Fällheber bzw. Wendehaken
Messwerkzeug	Handy,
Verbandskasten	evtl. Absperrband

Das Arbeitsumfeld

Um im Wald zu arbeiten, müssen die Rahmenbedingungen stimmen. Selbst wenn Sie sich einen Termin zum Holzmachen freigehalten haben: Wenn das Wetter nicht mitspielt, sollten Sie zu Hause bleiben!

Grundsätzlich ist die Arbeit im Wald verboten:
- vor Tagesanbruch oder nach Eintritt der Dämmerung.
- bei Gewitter und starken Wind.
- bei starkem Nebel, Schneetreiben und Rauch.

Nässe oder Glätte durch Schnee, Eis oder Regen können die Standfestigkeit behindern und zu Verletzungen führen. Zusätzlich gefährdend kann sich ein unebenes Geländeprofil oder die Arbeit am Hang auswirken.

Wer im Wald arbeiten will, muss fit sein, denn Müdigkeit oder gar Erschöpfung haben schon viel zu oft zu verheerenden Arbeitsunfällen geführt. Wenn die längere körperliche Arbeit an der frischen Luft für Sie eher ungewohnt ist, nehmen Sie unbedingt die Warnsignale Ihres Körpers ernst!

Beachten Sie außerdem Folgendes:
- Nehmen Sie sich besonders am Anfang nicht ein bestimmtes Arbeitspensum vor, denn sicheres Arbeiten ist immer das wichtigste Kriterium.
- Wenn Ihre Konzentration nachlässt, sollten Sie eine Pause einlegen und etwas trinken.
- Treten gar Sehstörungen oder Schwindel auf, dann sollte die Arbeit sofort abgebrochen werden. Befinden Sie sich vielleicht in einer Mulde, sodass Sie nicht genügend Frischluftzufuhr bekommen und sich durch die Abgasdämpfe selbst vergiften? Diese Gase sind tückisch,

PRAXISTIPPS FÜR DIE PERFEKTE ARBEITSORGANISATION

Wahrscheinlich möchte(n) Ihr Begleiter/Ihre Begleiter sich aktiv an den Arbeiten im Holz beteiligen. Wenn nur mit einer Motorsäge gearbeitet wird, ist es sinnvoll abzusprechen, welche Abläufe von den Begleitpersonen übernommen werden. Gleichzeitig muss klar sein, welchen Abstand sie, besonders bei Fällarbeiten, vom Motorsägenführer halten müssen.

Ihr Begleiter kann sich in diesen Bereichen sinnvoll betätigen:
- Vorentasten des stehenden Baumes mit der Axt
- Freiräumen des Arbeitsumfeldes
- Manuelles Entasten des liegenden Stammes mit der Axt
- Hilfe beim Ablängen, z. B. durch das Markieren von Meterabschnitten
- Vorliefern der Abschnitte mit Packzange oder Schubkarren.

Die Arbeit mit der Motorsäge

Alles am Mann: mit Ausrüstung in den Wald.

denn sie sind unsichtbar und meist auch geruchlos!

Auf dem Weg in den Bestand

Bereits mit der Rüstzeit beginnt die Arbeit: Alle notwendigen Gerätschaften müssen im Auto verstaut werden und die Fahrerlaubnis muss gut sichtbar an der Scheibe angebracht sein. Im Auto muss die Motorsäge gegen Umkippen gesichert sein, denn ein Auslaufen von Treibstoff muss auf jeden Fall verhindert werden. Hilfreich ist hier eine Plastikwanne, in der das Gerät transportiert wird. Im Wald selbst ist es auf längeren Gehstrecken ratsam, den Motor abzustellen. Auch für kurze Transportwege wird die Kettenbremse blockiert und zusätzlich der Kettenschutz aufs Schwert gesteckt.

Getragen wird die Motorsäge grundsätzlich am Griffrohr; die Führungsschiene zeigt dabei nach hinten. Besondere Vorsicht ist bei den Schalldämpfer-Oberflächen geboten: Hier besteht akute Verbrennungsgefahr und zwar nicht nur für den Benutzer, sondern auch für trockenes Gras oder Rinde, die leicht Feuer fangen können.

Orientierung im Wald

Vergewissern Sie sich erst einmal, ob Sie tatsächlich an „Ihrem" Brennholzlos angekommen sind, und stellen Sie Ihr Auto so ab, dass Waldbesucher und andere Fahrzeuge problemlos passieren können. Fahren Sie nur auf den Wegen, die der Waldbesitzer oder Förster Ihnen gezeigt hat. Rückewege sind meist mit roten Schrägstrichen markiert. Auf den Trassen können Sie sich auch mit Schubkarren gut bewegen, da die Bäume bodennah abgesägt wurden.

Ganz besondere Vorsicht ist geboten, wenn Straßen und Wege entlang Ihres Arbeitsbereichs verlaufen. In diesem Fall müssen beispielsweise durch rot-weiße Bänder, ein Warnschild oder einen Helfer Passanten auf die Gefahrensituation aufmerksam gemacht werden. Dies gilt besonders, wenn Bäume gefällt werden!

Besichtigen Sie vor Arbeitsbeginn die ganze Fläche und machen Sie sich klar, wo die Grenzen des Brennholzloses verlaufen. Wenn das Gelände eben ist, so orientiert man sich vor allem an den vorhandenen Wegen. Ist das Gelände geneigt, so sollten Sie darauf achten, das anfallende Holz nach unten abzutransportieren – das macht weniger Arbeit.

Fällarbeiten

Schauen Sie sich auch alte Baumstümpfe an, um zu sehen, ob gerade bei Fichte Rotfäule auftritt. Diese von einem Pilz verursachte Krankheit zersetzt den unteren Stamm von innen heraus. Von außen ist dies kaum erkennbar, nur Fachleute können den sogenannten Flaschenbauch identifizieren. Dieses Phänomen tritt aber nur altersabhängig und vor allem regional auf und kann dann bei Fällarbeiten berücksichtigt werden. Als Anfänger sollten Sie von einem rotfaulen Bestand die Finger lassen, denn durch Rotfäule ist die Holzstabilität herabgesetzt und der Baum kann, auch bei einem ordnungsgemäßen Fällschnitt, unkontrolliert fallen!

ZUR SICHERHEIT RICHTIG VERSICHERT
Seien Sie sich immer bewusst, dass Sie für alle Sach- und Personenschäden haften, die dem Waldeigentümer, den Forstbediensteten oder anderen Waldbesuchern bei der Ausführung der Arbeiten und bei der Abfuhr entstehen. Der vorherige Abschluss einer privaten Unfallversicherung bzw. Haftpflichtversicherung ist deshalb unbedingt ratsam, wenn Sie nicht bereits ausreichend versichert sind! Geklärt werden muss im Vorfeld auf jeden Fall, ob die private Haftpflicht nicht Schäden, die durch die eigene private Arbeitsleistung entstehen, ausschließt.

Arbeitsbeginn

Alle notwendigen Gerätschaften werden in den Wald geschafft und an einem zentralen Punkt abgestellt. Sind Fällarbeiten notwendig, darf dieser Punkt nicht innerhalb der Gefahrenzone (= doppelter Baumlängenbereich) liegen.

Überprüfung der optimalen Fällrichtung.

Fällarbeiten

Jede Fällung muss sorgfältig geplant werden (siehe Seite 56), denn dieser Vorgang hat Einfluss auf alle Folgearbeiten. Vor allem gilt: Sägen Sie nur Bäume um, die vom Förster/Waldbesitzer mit Farbe angezeichnet oder anderweitig deutlich sichtbar markiert wurden. Besprechen Sie im Vorfeld auch die Fällrichtung und machen Sie sich ein Bild davon, wo die Rückelinien verlaufen. Auf

Die Arbeit mit der Motorsäge

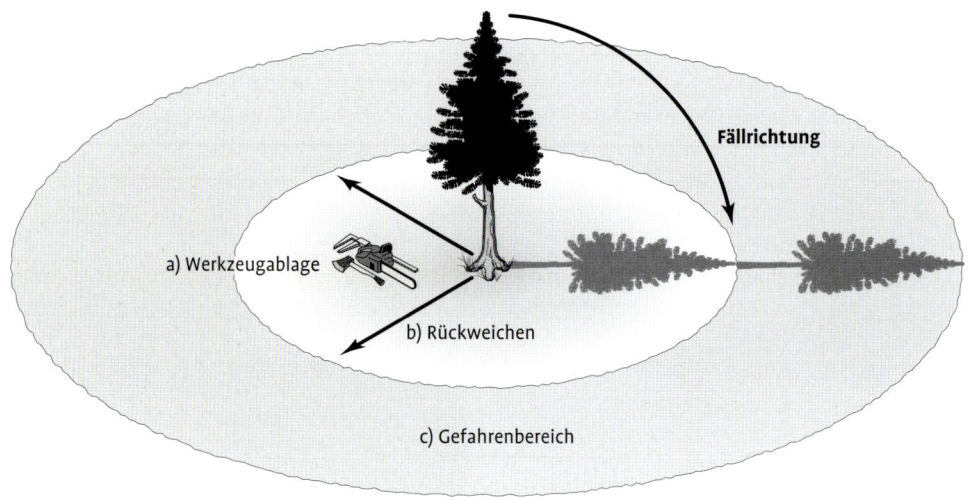

a) Werkzeug-Ablage nahe des Stammfußes, entgegengesetzt zur Fällrichtung
b) Rückweiche entgegen der Fällrichtung schräg nach hinten
c) Gefahrenbereich bei der Fällung: doppelte Baumlänge in alle Richtungen

diesen bestockungsfreien Waldtrassen oder -wegen, auf denen keine Bäume wachsen, lässt sich nämlich das Holz am besten abtransportieren, weil sie den kürzesten und einfachsten Weg aus dem Bestand weisen.

Besondere Bedeutung hat die Fällrichtung, wenn längere Holzabschnitte mit dem Schlepper oder der Seilwind aus dem Bestand auf die Rückegasse herausgezogen werden sollen. Dann muss ein geradliniges Rücken möglich sein, denn wenn der Baum geschwenkt werden muss, kann der Stamm gegen stehende Bäume schlagen und dort zu Wunden führen, die sich mindernd auf die Holzqualität auswirken.

Bei der Darstellung der Fällarbeiten auf den folgenden Seiten wird wieder davon ausgegangen, dass das Motorsägenschwert länger ist als der Baumdurchmesser am Stammfuß. Auf die Darstellung des Beschneidens der Wurzelanläufe wird verzichtet, da dieses Vorgehen in der Regel nur bei stärkerem Holz (und nicht bei Brennholz) angewandt wird.

Vorbereitung

Um sägen zu können, braucht man ein freies Arbeitsfeld. Deshalb muss vor Beginn der eigentlichen Fällarbeiten behinderndes Gestrüpp und Unterholz entfernt werden. Alles, was den Blick in die beabsichtigte Fällrichtung verdeckt, muss weg, ebenso alles, was auf den Fluchtwegen – sie verlaufen im Winkel von ca. 45° hinter dem Baum weg – im Weg ist. Fällt der Baum, dann zieht man sich auf diese Rückweichen zurück und verfolgt den Vorgang aus sicherer Entfernung. Auch das Werkzeug wird nahe am Stammfuß hinter dem zu fällenden Baum abgelegt.

Um direkt zum Baum zu gelangen, müssen eventuell erst Äste weggeschnitten werden. Dieser Arbeitsschritt erfolgt mit ziehender Kette von oben nach unten. Der Stamm befindet sich dabei immer zwischen Körper und Säge. Aufgeastet werden darf nur bis Schulterhöhe! Zusätzlich muss auch der Stammfuß frei von Gras und Steinen sein, damit der Fallkerb problemlos angelegt werden kann (siehe Grafik Seite 59).

Fällarbeiten

Schauen Sie sich den zu fällenden Baum genau an und beantworten Sie für sich dabei folgende Fragen:
- Wie dick ist der Baum? Welche Schnitttechnik ist notwendig (siehe weiter unten)?
- Hängt der Baum in eine Richtung? Zur Beurteilung der Krone gehen Sie am besten einmal um den ganzen Baum herum.
- Gibt es irgendwo eine Lücke im Bestand, in die der Baum gefällt werden kann?
- Gibt es lose Äste, die herunterzufallen drohen?
- Gibt es starke Äste, die sich beim Herabfallen mit anderen Bäumen verhaken können?
- Besteht die Gefahr einer Fäule, die die Holzstabilität beeinflusst?

Bäume mit Stockdurchmesser unter 15 cm

Bäume mit einem Stockdurchmesser unter 15 cm werden mit einem **Schrägschnitt** gefällt. Dazu wird der Baum in einem flachen Schnittwinkel (ca. 35°) abgesägt. Er gleitet dann über die Motorsägenschiene vom Stock. Beim Schneiden steht der Motorsägenführer mit dem Rücken zur Fällrichtung. Nach dem Abschneiden tritt man rasch zur Seite.

Stehen die Bäume sehr dicht beieinander, so kann es sein, dass **der Baum hängen bleibt**. Dann muss er über die Schulter oder mit dem Packhaken abgetragen werden. Ist der Baum zum Abtragen zu schwer, so kann er – das gilt aber nur für dichte und junge Bestände! – durch **Abklotzen** zu Fall gebracht werden. Dazu wird in Hüfthöhe (praktisch wäre 1 m Länge) ein Trennschnitt (erster Schnitt auf der Druckseite, zweiter Schnitt auf der Zugseite) angebracht, bis der Baum von selbst bricht.

Bleibt der **Baum nach dem Fällschnitt ganz aufrecht** stehen, so wird er mit zwei, etwa 5 cm voneinander entfernten Schnitten rechtwinklig zur Fällrichtung zu Boden gebracht. Der untere

Schräger Fallschnitt bei einem dünnen Baum.

Schnitt wird bis auf $2/3$-Baumdurchmesser geführt, er gibt die Drückrichtung vor. Der zweite ist $1/3$-Baumdurchmesser tief. Wichtig: Alle Fasern müssen durchtrennt sein! Gedrückt wird dann über dem oberen Schnitt in Richtung Öffnung des unteren Schnitts.

Bäume mit Stockdurchmesser über 15 cm

Nachfolgend wird der Fällvorgang von dickeren Bäumen mit den entsprechenden Fachausdrücken beschrieben. Zur Erläuterung und zum besseren Verständnis ist das Verfahren zusätzlich in der Grafik auf Seite 59 dargestellt.

- Die vorgesehene **Fällrichtung** gibt die Richtung an, in der der Baum mit der Krone zu Boden gehen soll.
- Die Fällrichtung wird dem Baum durch den **Fallkerb** vorgegeben. Er wird möglichst bodennah angelegt.
- Der Fallkerb besteht aus **Sohlen-** und **Dachschnitt**. Der Fallkerb wird bis zu einer Tiefe von $1/5$ bis $1/3$ des Stammquerschnitts in den Baum gelegt, und zwar in die Stammwalze (wo die Fasern senkrecht nach oben verlaufen), nicht in die oberirdisch sichtbaren Wurzeln am Fuß des Stammes. Der Sohlenschnitt sollte dennoch möglichst bodennah erfolgen.
- Der Winkel zwischen Sohle und Dach, aus dem sich dann auch die Fallkerbhöhe ergibt, liegt zwischen 45 und 60°. Keinesfalls darf der Fallkerb zu niedrig sein, da sonst im Fallen das Dach auf der Sohle aufsitzen kann.
- Zuerst wird der Dachschnitt angelegt. Dabei muss die Markierung auf der Motorsäge genau in die Fällrichtung zeigen. Anschließend erfolgt der Sohlenschnitt.
- **Fallkerbsohlen-** und **dachschnitt** sollen sich in einer geraden Linie treffen, denn sonst zieht der Baum im Fallen verstärkt auf die höhere Seite.
- Die Richtung des Fallkerbs kann mit der an der Motorsäge vorhandenen Markierung nochmals geprüft werden.
- Kontrolliert kann ein Baum nur über eine **Bruchleiste** zu Fall gebracht werden. Sie entsteht, wenn von der genau gegenüber liegenden Seite des Fallkerbs nun der **Fällschnitt** angebracht wird. Die Bruchleiste muss immer mindestens $1/10$ des Stammdurchmessers breit sein, sie wird nicht durchtrennt und wirkt beim Fallen als Scharnier. Wird dieses Scharnier zerstört, so fällt der Baum unkontrolliert. Der Fällschnitt liegt mindestens 3 cm höher als die Fallkerbsohle.

> **PRAXISTIPP**
> Zum Anlegen des Fallkerbs kniet man sich aus ergonomischen Gründen hin oder stützt sich mit einer Schulter am Baum ab.

> **DER WARNRUF BEIM FÄLLEN**
> Ehe zum Fällschnitt angesetzt wird, muss der Ruf „Achtung! Baum fällt!" erfolgen.

- Der eigentliche Fällschnitt erfolgt mit einlaufender Kette im Fächerschnitt (siehe Seite 50). Dazu wird der Krallenanschlag auf der einen Seite auf Höhe des Bruchleistenendes angesetzt und die Motorsäge dann fächerförmig

Die Richtung des Fallkerbs wird geprüft.

Fällarbeiten

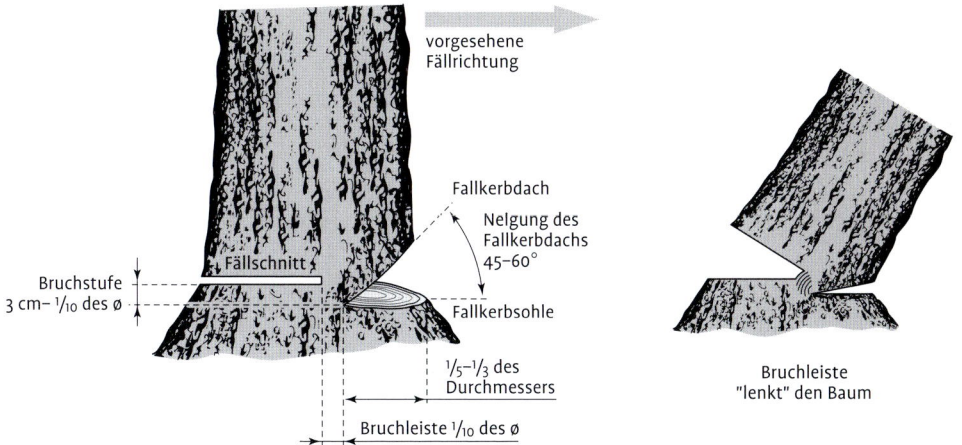

um diesen Drehpunkt nach innen gezogen. Auf die Bruchleiste achten!

Variante 1: Mit Keil
- Grundsätzlich wird der Baum mit einem Keil zu Fall gebracht, der möglichst früh gesetzt und gut verkeilt wird. Er verhindert, dass die Motorsäge im Fällschnitt eingeklemmt wird. Ist der Keil gesetzt, wird der Fällschnitt im Fächerschnitt beendet und die Motorsäge aus dem Schnitt genommen.
- Jetzt kann der Fällheber in den vom Keil offen gehaltenen Schlitz gesteckt werden und der Baum wird umgehebelt.

Variante 2: Mit Fällheber
Bei einem Stamm bis zu 25 cm Brusthöhendurchmesser kann man auch mit dem Fällheber versuchen, den stehenden Baum umzudrücken. Bei diesem Verfahren wird zuerst ein Fallkerb angelegt. Anschließend erfolgt ein Fällschnitt mit auslaufender Kette (siehe Seite 50), der maximal

Einsatz des Fällhebers beim Baumfällen.

Drehen des Baumes mit einem Wendehaken.

so tief sein darf wie 2/3 des Stammdurchmessers. Dann wird die Motorsäge aus dem Schnitt genommen und der Fällheber in den Schnitt gesteckt.
Der zweite Fällschnitt erfolgt nun schräg unterhalb des ersten Schnittes von der anderen Seite. Auf diese Weise kann der Fällheber nicht mit der Motorsägenkette in Kontakt kommen. Mit einlaufender Kette wird nun der restliche Stamm bis zur Bruchleiste durchgesägt. Zum Abschluss wird der Baum mit dem Fällheber umgekippt. Beim Hebevorgang muss unbedingt darauf geachtet werden, dass die Bewegung aus den Beinen und nicht aus dem Rücken heraus erfolgt.
Bitte beachten Sie:
- Bevor der Baum entgültig fällt, erfolgt noch einmal ein „Achtung"-Ruf, später der Ruf „Baum fällt!"
- Im Fallen muss der Baum genau beobachtet werden, man weicht dazu nach schräg hinten aus.

Problemfall: Hänger

Bleibt ein Baum beim Fällen in der Krone eines anderen Baumes hängen, können dünne Bäume in der Regel abgetragen oder heruntergedreht werden. Ist dies nicht möglich, so sollten Sie den Förster oder Waldbesitzer informieren. Arbeiten Sie auf keinen Fall unter dem Hänger weiter! Die aufhaltenden Bäume können jederzeit brechen oder umgedrückt werden. Sperren Sie den Gefahrenbereich (Fallbereich des Hängers inklusive der des aufhaltenden Baums) mit weiß-rotem Band ab, ehe Sie den Wald verlassen, um Hilfe zu holen.

Variante 1: Herunterdrehen

Man kann noch so sorgfältig arbeiten, immer wieder passiert es: Der Baum hängt. Jetzt muss die Situation beurteilt werden. Hat sich der Baum nur leicht verhakt oder angelehnt? Dann kann er wahrscheinlich mit Hilfe eines Wendehakens abgedreht werden. Wenn die Bruchleiste noch nicht durch ist, wird sie bis auf einen Drehzapfen durchtrennt. Der sorgt dafür, dass der Stamm auf dem Stock bleibt und nicht irgendwo verklemmt. Dieser Drehzapfen ist etwa 2 bis 3 cm breit, der Schnitt in die Bruchleiste beginnt auf der Seite, auf die der Stamm später gedreht wird.
Der Wendehaken wird immer ziehend und nicht drückend eingesetzt, denn nur so können gefähr-

Fällarbeiten

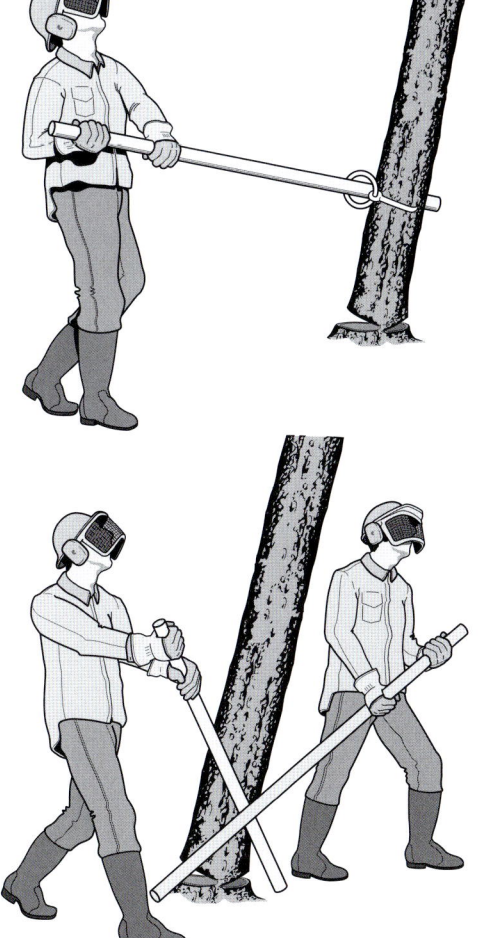

Zufallbringen von Hängern, herunterdrehen (oben), abhebeln mit Rundholz (unten).

liche Situationen erkannt und auch darauf reagiert werden. Am besten, man steht beim Ziehen in einem Ausfallschritt, d.h. ein Bein stützt den Körper nach hinten ab.

Fällt der Baum, so wird der Wendehaken ausgehängt. Jetzt tritt man schnell vom Baum zurück und bringt sich in Sicherheit.

> **STRENGSTENS VERBOTEN BEI HÄNGERN!**
> Versuchen Sie nie
> - den Hänger zu besteigen,
> - hinderliche Äste zu entfernen,
> - den Baum, auf dem der Hänger liegt, zu fällen,
> - einen weiteren Baum auf den Hänger zu werfen,
> - den Hänger stückweise abzulängen („abklotzen").
>
> Denn: Hänger sind unberechenbar!

Variante 2: Abhebeln mit Rundholz

Kann der Baum nicht abgedreht werden, so wird der Drehzapfen durchtrennt. Jetzt versucht man, den Baum zu zweit vom Stock herunterzuheben. Dazu verwendet man zwei ausreichend dicke, etwa körperlange Stangen, die vor dem Hänger über Kreuz gelegt werden. Beim Arbeiten ist der Blick immer in die Krone gerichtet, um sofort reagieren zu können. Beim Abhebeln darf man sich nie unter dem hängenden Baum aufhalten! Unfallgefahr!

Wenn diese Methoden nicht fruchten, dann sollte man einen Fachmann um Unterstützung mit Seilwinde und Schlepper bitten.

> **ACHTUNG BEIM ABDREHEN!**
> Beim Abdrehen besteht immer Verletzungsgefahr, weil der Stamm vom Stock herunterrollen oder -rutschen kann. Weichen Sie also immer schnell und weit genug aus, wenn der Hänger zu fallen beginnt.

Problemfall: Kranke Bäume

Bäume können im Bereich des Stammfußes, also dort, wo der Fällschnitt angesetzt wird, faul sein. Dies kann gerade bei rotfauler Fichte zur Folge haben, dass die Holzfestigkeit verringert ist. Ist Ihnen dieser Umstand schon im Vorfeld bekannt,

Entasten mit der Motorsäge.

sollten Sie als Hobbysäger in solchen Beständen kein Brennholzlos werben.
Merken Sie dennoch beim Heraussschneiden des Fallkerbs, dass sich die Farbe der Späne ändert, dass sie beispielsweise nicht mehr weiß, sondern braun sind, so sollten Sie sicherheitshalber eine breitere Bruchleiste stehen lassen.

Entasten

Liegt der Baum am Boden, dann wird er entastet. Beim Entasten hat man grundsätzlich die Wahl zwischen der Arbeit mit der Motorsäge oder mit dem Beil bzw. der Axt. „Motorisiert" geht es zwar schneller, doch auf Dauer kann die Arbeit mit der Motorsäge körperlich sehr anstrengend und geistig ermüdend sein. Vielleicht ist es dann ganz gut, zwischendurch mal was Anderes zu machen. Vergessen Sie nie: Die gefahrenträchtigste Arbeit mit der Motorsäge im Wald ist mit 22 % der sich ereignenden Unfälle das Entasten und nicht, wie man annehmen könnte, das Fällen!

Entasten mit der Axt

Ganz ungefährlich ist die Arbeit mit der Axt nicht: Sie kann vom Stamm abprallen oder entgleiten, wenn der Knauf fehlt. Geringe Standsicherheit kann zu Gleichgewichtsproblemen führen.
Man erleichtert sich das Leben, wenn man eine scharfe Axt mit einem Gewicht zwischen 800 und 1000 Gramm verwendet, deren Stiellänge der eigenen Armlänge angepasst ist. Grundsätzlich sollte nur eine Person an einem Stamm arbeiten. Um das Verletzungsrisiko zu minimieren, sollte der Stamm immer als „Puffer" zwischen Axt und Bein liegen, Sie entasten also nur auf der Ihrem Bein gegenüberliegenden Stammseite. Dadurch führen unkontrollierte Schläge nicht zu Verletzungen. Mit dem Entasten beginnen Sie am Stammfuß und arbeiten sich dann Richtung Krone vor, denn dadurch werden die Äste mit dem Faserverlauf abgeschnitten. Ergibt sich die Notwendigkeit, doch auf der Standseite zu entasten, dann sollte sich das Bein nie auf Höhe der Axtschneide befinden.

Entasten mit der Motorsäge

Diese Arbeit ist anstrengend, weil sie oft in gebeugter Körperhaltung ausgeführt werden muss. Besser für Ihren Körper ist es, wenn Sie in

Entasten

Kniehöhe entasten, dann wird der Rücken nicht so stark beansprucht. Ihre Bandscheiben danken es Ihnen außerdem, wenn Sie leicht in die Knie gehen und nicht bei durchgedrückten Knien den Rücken beugen. Um die ergonomische Belastung zusätzlich zu verringern, sollte die Motorsäge möglichst oft auf dem Baum oder an der Hüfte abgestützt werden.

Nutzen Sie zusätzlich vorhandene Geländeerhebungen oder bereits liegende Stämme als „Bock", um auf höherem Niveau zu arbeiten. Verwenden Sie eventuell auch einen Fällheber, der als Werkbank genutzt werden kann, zu Hilfe. Wie beim Trennschnitt ist es bei der Arbeit am Hang günstig, hangoberseits des Stamm zu stehen.

Wie bereits erwähnt, ist beim Entasten die Kickback-Gefahr besonders groß und zwar aus mehreren Gründen:

- Liegt das Holzstück am Boden, so besteht die Gefahr, in die Erde zu sägen.
- Sind die Astabstände klein, so besteht die Gefahr, beim Absägen eines Astes mit der Schwertspitze einen anderen Ast zu berühren. Achten Sie deshalb immer genau auf die Schwertspitze!

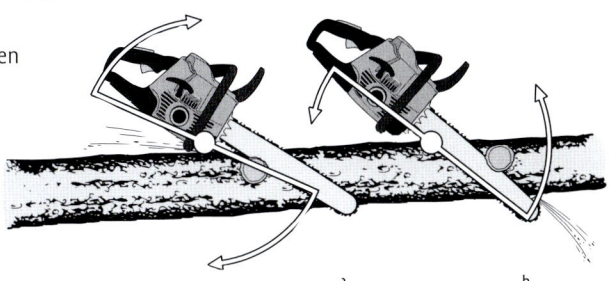

Entasten mithilfe der Hebeltechnik.

Bei Ästen, die nicht unter Spannung stehen und relativ regelmäßig voneinander entfernt sind (meist Nadelholz und jüngeres Laubholz), kommt die Hebelmethode zur Anwendung:

- Arbeiten Sie immer nur aus dem sicheren Stand.
- Wenn Sie noch unerfahren sind, sollten Sie beim Sägen immer den Stamm zwischen Bein und Motorsäge haben. Aus dieser Position heraus schneiden Sie jeden Ast einzeln ab, und zwar mit der sogenannten **Hebeltechnik**, bei der der Motorsägenkörper auf dem Stamm abgestützt und das Schwert hebelartig nach unten bewegt wird. Äste auf der Oberseite des Stammes werden mit liegendem Schwert entfernt. Ist man auf der einen Seite fertig, so wechselt man auf die andere und verfährt dort nach dem gleichen Prinzip.
- Wer schon über größere Erfahrung mit der Motorsäge verfügt, arbeitet auf der beinabgewandten Seite mit schiebender Kette (Schwertoberseite sägt). Dann werden – ebenfalls mit schiebender Kette – die Äste auf der Baumoberseite abgesägt und anschließend die seitlichen Äste auf der beinzugewandten Seite mit ziehender Kette (Schwertunterseite sägt) abge-

trennt. Jetzt sind alle Äste in Reichweite entfernt. Die Motorsäge wechselt wieder auf die andere Baumseite. Nun erfolgt der Schritt am Stamm entlang nach vorne in Richtung Krone. Äste auf der Stammunterseite werden nur entfernt, wenn sie aufgrund einer erhöhten Lage des Stammes gut erreicht werden können. Stehen sie unter Spannung, so muss genau überlegt werden, wo zuerst geschnitten wird, um ein Einklemmen der Säge zu vermeiden. Gehen Sie kein Risiko ein, wenn der Stamm dicht am Boden liegt und wenden Sie ihn lieber, anstatt einen Kickback zu riskieren.

Gewendet wird mit Hilfe eines Wendehakens oder Fällhebers und zwar so, dass alle noch vorhandenen Äste in 14-Uhr-Position sind. Alle Äste, die jetzt seitlich nach oben schauen, werden mit ziehender Kette entfernt, wobei die Säge am Stamm ruht.

Kronen entasten

Oft bestehen Brennholzlose aus **Laubholzkronen**, die aufgearbeitet werden sollen. Diese zeichnen sich meist durch starke Äste, die sich weiter verzweigen, aus. Um solche Kronen aufzuarbeiten und zu entasten, wird von außen nach innen gearbeitet. Kleinere Äste werden zum Spannungsabbau zuerst entfernt. Laubholzäste sägt man wie beim Trennschnitt zuerst von der Unterseite (Druckseite) an und schließt die Trennung mit einem Schnitt von oben ab. Werden große Laubholzkronen mit vielen Ästen aufgearbeitet, so muss genau überlegt werden, in welcher Reihenfolge dies erfolgt. Am besten, man arbeitet nach folgendem Schema:

Oben: Vom Baumstamm werden Abschnitte gesägt.

Unten: Ein Schubkarren erleichtert den Holztransport zum Bestandesrand.

- Zuerst werden Äste entfernt, die die Arbeit behindern und den Fluchtweg versperren.
- Dann werden Äste entfernt, die Spannungen verursachen.
- Erst zum Schluss wird der Hauptast abgesägt.

Abschnitte schneiden

In welchem Abstand die Trennschnitte gesetzt werden, ist von mehreren Faktoren abhängig:
- Wollen Sie das Holz mit dem Schubkarren oder mit Packzangen zum Abfuhrweg befördern, müssen die Abschnitte in einem angemessenen Verhältnis zum eigenen Leistungsvermögen stehen. Je länger die Abschnitte, desto mehr Stückmasse kann natürlich auf einmal befördert werden, desto größer ist aber auch die ergonomische Belastung.
- Steht Ihnen zum Vorliefern ein Schlepper oder Seilzug zur Verfügung, so können längere Abschnitte bis zum Rand des Bestandes, wo das Auto oder der Hänger wartet, geschafft werden. Pro Transportweg gelangt dann mehr Holzmasse aus dem Bestand und der Arbeitsfortschritt wird deutlich größer. Oft lohnt es sich schon im Vorfeld, beim Waldbesitzer oder Förster nachzufragen, ob er jemanden kennt, der das Rücken übernehmen könnte.
- Ist das Holz relativ dick, so kann es sinnvoll sein, die Abschnitte schon im Bestand – manuell oder mechanisch (siehe Seite 68) – zu spalten. Ganz frisch geht das nämlich am besten, außerdem können Sie die Abschnitte dann länger lassen, weil sich das Gesamtgewicht verringert.
- Grundsätzlich gilt: Man arbeitet beim Ablängen am besten in der Ebene, dann besteht wenig Gefahr, dass das Holzstück ins Rollen kommt. Wer am Hang arbeitet, sägt für den Trennschnitt immer nur an der Hangoberseite stehend. Andernfalls könnte Sie der Stamm verletzen, wenn er nach unten rollt.

Transport der Abschnitte mit der Packzange.

Trennschnitte mit dem Sägebock

Um Holz kleinzuschneiden, sollten Sie aus ergonomischen Gründen auf möglichst angenehme Arbeitsbedingungen achten. Diese Möglichkeit sollte man vor allem auch nutzen, wenn angelieferte Abschnitte daheim in ofengerechte Abschnitte geschnitten werden sollen. Dazu gehört, dass man sich ein entsprechendes Arbeitsniveau schafft, d. h. dass etwa auf Hüfthöhe geschnitten werden kann.

Ein besonnter, südlich exponierter Waldrand: Hier kann das Meterholz optimal trocknen.

Hierfür bieten sich dreikreuzige Sägeböcke an, die sich meist platzsparend zusammenklappen lassen und die für die Standfestigkeit entsprechend schwer sein müssen. Achten Sie auch hier auf die TÜV- und GS-Prüfzeichen. Angeboten werden Sägeböcke aus Metall und Holz, wobei in ersterem Fall natürlich wieder mit Vorsicht gearbeitet werden muss, damit die Sägenkette nicht auf Stahl sägt. Oft sind Querstreben aus Metall auch mit Holz verkleidet, damit das nicht passieren kann. Auch ein Bock aus Holz ist irgendwann „zersägt", dann muss er durch einen neuen ersetzt werden.

Aus Gründen der Zeitersparnis ist es sinnvoll, gleich mehrere Stücke auf einmal durchzusägen, dann nutzt man die ganze Schwertbreite der Säge und erspart sich ein anstrengendes Bücken. Wichtig sind auch Haltestreben in unterschiedlichen Abständen, damit die Abschnitte nach dem Sägen nicht einfach nach unten fallen.

Bei manchen Böcken kann die Motorsäge an einen Halter montiert werden, dadurch erspart man sich das Absetzen der Säge zwischen den einzelnen Arbeitsschritten. Motorsägen lassen sich teilweise auch am Schwert in ein integriertes Drehgelenk am Sägebock mit einer Schraube einhängen. Jetzt muss man die Motorsäge nur noch in dieser Führung von oben nach unten ziehen.

Wie trocknet Holz am besten?

Holz muss trocken sein, damit es schadstoffarm und effektiv verbrennt. Um diesen Prozess zu beschleunigen, wird es möglichst bald, nachdem der Baum gefällt worden ist, zerkleinert: Dadurch vergrößert sich die Oberfläche, die mit Luft in Kontakt kommen kann und der Trocknungsprozess wird verkürzt.

Frisch geschlagenes Holz hat meist einen Wassergehalt von 50 %. Das ist definitiv zu hoch für jeden Ofen, denn zum Verbrennen muss der Wassergehalt unter 20 % liegen. Die Trocknungszeiten des Holzes sind u. a. von der Baumart abhängig.

Grundsätzlich kann man sagen: Je schwerer das Holz ist und mit je weniger Zugluft es in Berührung kommt, desto länger muss es trocknen. Für Eichen-Brennholz wird übrigens empfohlen, dieses vor dem Abdecken einen Sommer lang abregnen zu lassen, damit die Gerbstoffe, die feuchtigkeitsbindend wirken, ausgewaschen werden.

Wird Holz zu langsam getrocknet, so droht bei vielen Laubhölzern die Besiedlung mit Pilzen, es beginnt zu „verstocken" (siehe Seite 71 f.). Dadurch verliert das Holz stark an Energiegehalt.

Wie Sie überprüfen können, ob Holz trocken und somit ofenbereit ist, lesen Sie auf Seite 71 f. Um den Trocknungsvorgang zu beschleunigen, können Sie verschiedene Maßnahmen ergreifen.

Effektive Aufarbeitung

Ein rasches Trocknen des Holzes erreicht man unter anderem durch eine sachgerechte Aufarbeitung. Am günstigsten ist es, Brennholz nur in der kalten Jahreszeit – also zwischen November und März – zu machen. In dieser Zeit befinden sich die Bäume in einer Ruhephase und stehen nicht im vollen Saft. Das Holz weist dann den geringsten Wassergehalt auf.

Hängt noch Laub an den Bäumen, so können Sie diesen Umstand nutzen und die Bäume nach dem Fällen vier Wochen nicht entasten. Da die Bäume über die Blätter Wasser verdunsten, ist das eine sehr effektive Art der Trocknung. Diese Vorgehensweise muss allerdings mit dem Waldbesitzer bzw. Revierförster abgesprochen werden. Gerade bei Nadelhölzern wie Fichte und Tanne muss erst abgeklärt werden, ob die Gefahr des Borkenkäferbefalls besteht. Diese Schädlinge reagieren auf einen gestörten Wasserhaushalt der Bäume und legen ihre Eier unter der Rinde ab. Kommt es zu Massenvermehrungen, so kann der ganze Wald befallen werden.

Holz klein schneiden

Üblicherweise wird Brennholz auf eine Länge von 25 oder 33 cm zurechtgeschnitten je nach Größe der Feuerraumöffnung ihres Ofens. Wird die Motorsäge für die Trennschnitte verwendet, so benutzt man am besten einen Sägebock. Die

DIE WICHTIGSTEN HOLZARTEN UND IHRE TROCKNUNGSZEITEN	
Pappel, Nadelbäume	1 Jahr
Linde, Erle, Birke	1,5 Jahre
Buche, Esche, Obstbäume	2 Jahre
Eiche	2,5–3 Jahre

PRAXISTIPP
Bei durch Erde verunreinigtes Holz nimmt die Leistung der Kettensäge ab. Bitte achten Sie deshalb auf sauberes Holz.

Wie trocknet Holz am besten?

Tischwippsäge.

wird das Holzstück in die Wippe gelegt und durch das Schieben nach vorne zum Sägeblatt gebracht. Bei **Rolltischsägen** ist der ganze Tisch auf Rollen gelagert. Zum Sägen wird er nach vorn zum Sägeblatt geschoben, das nur beim Vorschieben freigegeben wird. Fixiert wird das Holz durch eine spezielle Haltevorrichtung. Der Antrieb beider Sägen erfolgt über Strom oder über die Zapfwelle eines Traktors. Inzwischen werden auch Modelle mit Hydraulikmotor angeboten. Da bei dieser Arbeit große Lärmbelästigungen auftreten, sollten Sie unbedingt einen Gehörschutz tragen. Ehe man sich selbst eine Kreissäge anschafft, lohnt es sich, etwa beim Waldbesitzer nachzufragen, ob ein solches Gerät über einen Maschinenring (Zusammenschluss landwirtschaftlicher Betriebe, um Maschinen gemeinsam zu nutzen) ausgeliehen werden kann. Oft sind auch der Waldbesitzer selbst oder Landwirte mit Wald gerne behilflich.

Vorgehensweise ist auf Seite 65 dargestellt. Die Motorsäge hat natürlich den Vorteil, dass durch ihren Einsatz keine zusätzlichen Kosten entstehen. Rein leistungsmäßig werden auf diese Weise auch durchaus gute Ergebnisse erzielt.

Wer „nur" kleinsägen will, kann für diesen Zweck auch auf eine Elektrosäge zurückgreifen. Sie hat gegenüber der Kettensäge einige Vorteile, die auf Seite 35 f. aufgelistet sind.

Zur Brennholz-Aufbereitung kommen alle Formen von Kreissägen zum Einsatz. Meist kann man sie bis zu einem Durchmesser von 25 cm und darüber verwenden. Bei **Wippkreissägen**

Holz spalten

Der Austrocknungsprozess kann auch durch das Spalten des Holzes gefördert werden, denn je größer die Oberfläche im Vergleich zum Volumen des Holzkörpers ist, desto mehr Wasser kann verdunsten. Gespalten wird meist zweimal: Zuerst erfolgt das **Spalten längerer Stücke** – ob im Bestand oder daheim, ob manuell (dazu liegen die Stammteile auf dem Boden) oder mechanisch. Erst später findet das eigentliche **Hacken auf dem Hackklotz** statt. Im Hinblick auf die spätere Verbrennung sollten die Holzstücke möglichst homogen gestaltet sein: Grundsätzlich sollten ab einem Durchmesser von 10 cm Rundlinge gespalten werden, denn so wird die Fläche zum Abtrocknen erhöht.

Bitte beachten Sie Folgendes:
- Je frischer das Holz, desto besser lässt es sich spalten.
- Je mehr Äste, desto schwieriger das Spalten!

Holz spalten

- Baldiges Spalten verhindert ein Verstocken (d. h. Befall von holzzerstörenden Pilzen, die den Brennwert herabsetzen) von innen heraus.
- Sehr leicht spaltbar sind Fichte, Douglasie und Pappel.
- Leicht spaltbar sind Buche, Weide, Kastanie, Kiefer, Lärche und Roteiche.
- Als schwer spaltbar gelten Eiche, Esche, Ahorn und Birke.
- Sehr schwer spaltbar sind Ulme und Hainbuche.

Spalten von Hand

Zum Spalten werden die Stücke meist in Abschnitte zwischen 30 und 100 cm geschnitten. Oft erfolgt dieser Arbeitsschritt im Bestand, denn der ganze Rundling wäre zu schwer, um ihn manuell aus dem Wald zu befördern. Gespalten wird das am Boden liegende Holz von oben nach unten, also von der Krone Richtung Wurzel. Eingesetzt wird dafür oft die bereits auf Seite 45 erwähnte Universal-Forstaxt. Für diesen Arbeitsgang gibt es neben der Universal-Forstaxt auch andere spezielle Spaltwerkzeuge, die sich durch höheres Kopfgewicht sowie einen höheren Keilwinkel von der Fällaxt unterscheiden. Grundsätzlich gilt: Je stärker das Holz, desto schwerer muss die Axt sein.

Üblich im Brennholzbereich sind **Spaltäxte** mit 800 bis 1200 Gramm Kopfgewicht. Sie kommen vor allem beim langfaserigen Nadelholz zum Einsatz. Wegen ihrer schmalen Form spalten sie nicht so stark, prallen bei geringer Schlagenergie aber auch nicht ab. Bei sehr knorrigem, zähem Holz und vor allem bei Laubholz wird ein **Spalthammer** mit bis zu 3000 Gramm Kopfgewicht eingesetzt. Er ist gedrungener als eine Spaltaxt und besitzt einen größeren Keilwinkel. Da er aus geschmiedetem Metall besteht und damit rosten kann, sollte er, wenn er nicht gebraucht wird, eingeölt und an einem trockenen Platz aufbewahrt werden.

Spalten mit Keil und Axt.

Rundlinge mit größerem Durchmesser werden oft mit einem **Keil** (siehe Seite 45) gespalten. Dieser wird mit der Axtrückseite ins Holz getrieben. Wenn der Keil im Holz stecken bleibt, wird ein zweiter zu Hilfe genommen.

Beim Arbeiten mit Spaltgeräten sollten Sie Folgendes beachten:

- Während der Arbeit darf sich niemand in Ihrem Umfeld aufhalten. Durch umherfliegende Holzsplitter sowie durch ein Abgleiten des Werkzeugs besteht Verletzungsgefahr!
- Arbeiten Sie generell nur mit einer scharfen Schneide. Grobe Scharten sollten vor der Arbeit begradigt werden.
- Arbeiten Sie mit gespreizten Beinen – das schützt die Extremitäten.

Holz hacken

Zum eigentlichen Holzhacken benötigen Sie einen Spaltblock oder auch Hackklotz. Ideal geeignet ist ein etwa kniehoher Block aus Hartholz, der auf einer festen Unterlage stehen sollte.

> **PRAXISTIPP**
> Achten Sie beim Kauf des Werkzeugs auf das Gewicht des Kopfes sowie auf die Länge des Griffs – beides muss Ihnen liegen. Der Stiel muss gut auf dem Hammerauge befestigt sein. Hat sich nach langer Pause der Holzstiel gelockert, weil er ausgetrocknet ist, kann es helfen, ihn vor der Arbeit in Wasser zu stellen.

Gehen Sie beim Hacken folgendermaßen vor:
- Der Rundling wird auf den hinteren Bereich des Hackklotzes gestellt. Wenn ein Schlag daneben geht, landet die Schneide im Holz und nicht in Ihrem Bein.
- Verkeilt sich die Axt im Holzstück, dann versuchen Sie, sie mit wiegenden Bewegungen wieder frei zu bekommen. Schlagen Sie nicht mit einem Hammer auf den metallenen Spalthammer – es könnten sich dabei Metallteile lösen. Eine Schutzbrille ist zu empfehlen!
- Wenn Sie trockenes Holz zu spalten versuchen, so kann es sein, dass die Schneide zurückfedert. Das kann zu sehr schmerzhaften Prellungen im Arm führen!

Mechanische Spalthilfen

Einfacher als mit der Axt geht es natürlich mit einem Holzspalter. Hydraulische Spaltmaschinen mit Zweihandschaltung sind für Scheitholz das Richtige. Vorsicht: Eine Maschine darf nie von zwei Personen gleichzeitig bedient werden! Am besten sind solche Geräte, bei denen ein Holzstück festgehalten wird, indem der eine Bedienungshebel nach unten gedrückt wird. Holzspalter werden meist durch Elektro- oder Starkstrommotoren angetrieben. Letztere haben natürlich eine höhere Leistung und einen stärkeren Antrieb. Bei Elektromotoren ist dafür die

Spaltmaschine wartet auf Einsatz.

Wartungsfälligkeit gering, außerdem sind die Geräte schnell einsatzfähig. Inzwischen gibt es sogar Holzspalter, die von Hochdruckreinigern angetrieben werden.

Beim Kauf eines Holzspalters sollten Sie auf Folgendes achten:

- Die Maschine muss so konstruiert sein, dass während des Spaltens weder Hände noch Füße zwischen Holz und Werkzeug bzw. Auflage geraten können.
- Holzstücke dürfen nicht umfallen oder weggeschleudert werden!

Wenn Sie einen Landwirt mit Schlepper zum Transport des Holzes vom Wald zu Ihrer Wohnung engagieren, dann können Sie ihn auch gleich bitten, das Meterholz mit dem Anbauspalter, der an die Dreipunktaufhängung des Schleppers montiert wird, an der Rückegasse zu spalten. Übrigens: Auch beim Holzspalten sollten Sie Sicherheitskleidung tragen!

Der richtige Lagerplatz

Damit das Brennholz schnell trocknen kann, ist eine gute Belüftung von allen Seiten wichtig. Auf diese Weise wird die feuchte Luft mit dem Wind weggetragen. Das Brennholz sollte so gestapelt werden, dass die Stirnseiten nach außen zeigen, denn über diese Flächen wird am meisten verdampft. Es empfiehlt sich zudem eine Überdachung, damit das Holz nach dem Trocknen nicht wieder feucht wird. Durch die Überdeckung darf die Belüftung allerdings nicht beeinträchtigt werden. Als Regenschutz eignen sich feste Überdachungen oder Dachpappe bzw. Planen. Damit dieser Regenschutz nicht vom Wind weggeweht wird, muss er befestigt oder beschwert werden. Keinesfalls darf das Holz ganz in Plastik verpackt werden, denn sonst kann es nicht trocknen und verstockt.

Brennholz sollte nicht direkt auf dem Boden, sondern aufgelegt gelagert werden. Gebrauchte Paletten, Rundhölzer oder Holzplanken eignen sich dazu. Gut ist auch ein trockener Kiesboden, weil durch diesen Untergrund das Wasser schnell abgeleitet wird.

> **PRAXISTIPP**
>
> Holz muss so gelagert werden, dass niemand zu Schaden kommt. Also: Sorgfältig stapeln in Garage und Carport! Kinder werden von Holzlagerplätzen magisch angezogen, denn diese reizen zum Klettern und Spielen. Also entweder „kindersicher" lagern oder absichern!

Im Wald gelagertes Holz trocknet aufgrund der höheren Luftfeuchtigkeit und der Beschattung durch die Bäume langsamer aus. Viele Laubbaumarten werden bei einer zu langsamen Trocknung von Holz abbauenden Pilzen besiedelt und „ver-

> **HOLZZERSTÖRENDE PILZE**
>
> Es gibt zwei verschiedene Arten von Pilzen, die das Holz zerstören. Die einen verursachen **Braun- und Rotfäule**. Bei dieser Art von Fäule wird die Cellulose abgebaut und das Lignin bleibt erhalten. Durch **Weißfäulebefall** wird auch das Lignin zersetzt, sodass die Zellwände völlig aufgelöst werden können. Beide Fäuleerreger verursachen einen Gewichtsverlust: Bei Braunfäule kann er bis zu 70 % betragen, bei Weißfäule liegt er noch höher. Pilzwachstum darf aber nicht nur wegen des Substanzverlustes, sondern auch wegen der gesundheitsschädigenden Wirkung durch Pilzsporen nicht ignoriert werden! Besonders beim Transport des Brennholzes können diese Sporen in die Atemwege gelangen und dadurch allergische Reaktionen und Vergiftungserscheinungen hervorrufen.

Kreuzstapel.

KEIN HOLZ IN GESCHLOSSENEN RÄUMEN!
Frisch geschlagenes Holz sollte nicht in geschlossenen Räumen wie beispielsweise einem Keller gelagert werden. Hier kann es nicht trocknen, sondern verstockt. Schlimmstenfalls holen Sie sich auch den Hausschwamm in die eigenen vier Wände. Dieser gefährliche Oberflächenpilz tritt vor allem in Gebäuden auf. Er benötigt ausreichende Luftfeuchtigkeit und Luftruhe. Seine Gefährlichkeit besteht vor allem darin, dass er Feuchtigkeit aus dem Pilzgeflecht abgeben kann und lufttrockenes Holz dadurch befallsreif machen kann. Der Hausschwamm verursacht Braunfäule. Befallen werden nicht nur Massivholz, sondern alle cellulosehaltigen Stoffe wie Span- und Faserplatten, Papier, Stroh, usw.

Die seitliche Abstützung bilden zwei senkrechte Stangen.

stocken". Dadurch verlieren sie viel von ihrem Energiegehalt. Nicht entrindetes Nadelholz ist eine mögliche Brutstätte für Borkenkäfer und die will kein Waldbesitzer im Wald haben. Wenn Sie also einen Lagerort im Wald suchen, so sollten Sie nach sonnigen und windexponierten Stellen Ausschau halten. Besonders gut eignen sich Waldränder, die nach Süden ausgerichtet sind.

Besser durchlüftet und in den meisten Fällen sonniger ist der eigene Garten. Dort ist Ihr Holz auch wahrscheinlich sicherer gelagert, denn im Zuge steigender Energiepreise geht der Holzklau um. Und direkt an der Waldstraße gelagertes Holz „verschwindet" manchmal schnell!

An der Hauswand
Von einer (idealerweise südlichen) Hauswand unter einem Vordach oder der Wand einer luftigen Holzhütte sollte man mindestens 5 bis 10 cm Abstand halten. Werden mehrere Lagen hintereinander geschichtet, so sollte dazwischen immer ein Abstand sein.

Der richtige Lagerplatz

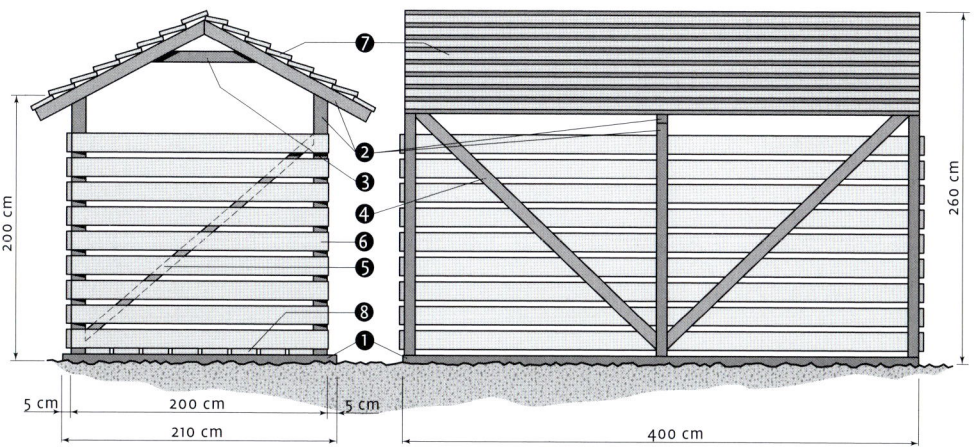

1 Bodenrahmen (14 lfd m, 5 x 7 cm)
2 3 Stellelemente (21 lfd m, 10 x 8 cm)
3 3 Versteifungsbinder (2,7 lfd m, 5 x 7 cm)
4 2 diag. Versteifungen Rückwand (5,4 lfd m, 5 x 7 cm)
5 2 diag. Versteifungen Außenwand (5 lfd m, 5 x 7 cm)
6 Bretter Außen- und Zwischenwand 9 x 4 m + 27 x 2 m (90 lfd m, 140 x 22 mm)
7 Bretter für Dach 16 x 4 m (90 lfd m, 200 x 26 mm)
8 Bretter für Boden 8 x 4 m (32 lfd m, 200 x 26 mm)

Bauanleitung für Holzschuppen.

Wenn seitliche Stützen vorhanden sind, kann einfach nach oben gestapelt werden. Fehlt eine solche Stütze, so wird das Holz an den Seiten im **Kreuzstapel** aufgeschichtet. Beim Kreuzstapel wird jede zweite Lage wird um 90° gedreht aufgeschichtet. Verwenden Sie dabei möglichst regelmäßige Hölzer, sonst gerät der Aufbau aus der Balance!

Frei stehende Holzbeige

Das Schichten von Holz geht auch frei stehend: Dafür werden zwei lange Rundhölzer oder Latten parallel zueinander auf den Boden gelegt, damit die Scheite nicht direkt auf dem Boden aufliegen und sie auch von unten belüftet werden. Im eigenen Garten kann feuchter Boden eventuell mit Kies abgedeckt werden. Zur seitlichen Begrenzung werden links und rechts zwei Stangen eingeschlagen. Ein Draht, der auf Hüfthöhe zwischen den Stangen gespannt wird, sorgt dafür, dass diese nicht vom Holz auseinander gedrückt werden. Das Holz wird jetzt mit der Rinde nach oben aufgeschichtet. Es sollte möglichst gleichmäßig geschichtet werden, dann ist die Beige stabil. Abgedeckt wird mit einer Plane.
Variante: Statt Stangen anzubringen kann man die Scheite an den Enden der Beige auch kreuzweise stapeln, d. h. jede zweite Lage wird um 90° gedreht aufgeschichtet. Verwenden Sie dabei möglichst regelmäßige Hölzer, sonst gerät das Gebilde aus der Balance!

Holzschuppen

Wer dauerhaft mit Holz heizen will, ist mit einem Holzschuppen gut bedient. Er sollte so dimensioniert sein, dass er den dreifachen Jahresbedarf fasst, denn dann ist immer verheizbares Holz vorhanden. Die saarländische Waldarbeitsschule hat ein solches Modell, in das ca. 16 rm Holz passen, konzipiert. Die Bauanleitung und Maße inkl. Materialbedarf finden Sie in der Abbildung oben. Der Holzschuppen kann auch als Bausatz bezogen werden. Die Kontaktadresse finden Sie auf Seite 104. Eventuell muss der Bau eines solchen

Wie trocknet Holz am besten?

Der Bau einer Holzmiete erfordert Geduld und etwas Geschick. (Bildquelle: www.holzmiete.de)

Gebäudes von der Landesbau- oder der Naturschutzbehörde genehmigt werden. Deshalb im Zweifelsfall vorher anfragen!

Holzmiete
Wenn Holz „freistehend" getrocknet werden soll, bietet sich eine Holzmiete an. Durch ihre statische Konstruktion und die runde, nach oben schmaler werdende Form ist sie sehr stabil. Ein Dach aus Holzscheiten oder Dachpappe ist zwingend erforderlich!

Und so errichten Sie eine Holzmiete:
Unterlage und Durchmesser: Als Erstes wird der Boden mit Folie ausgelegt. Genau in der Mitte steckt man einen Schraubenzieher in den Boden und überträgt mit einem an einem Seilende befestigten Stift den gewünschten Radius auf den

Boden. Damit sich auf der Folie kein Wasser sammeln kann, sticht man Löcher hinein.

Gelände ausgleichen: Suchen Sie sich nicht zu dicke Holzscheite und legen Sie diese auf die aufgemalte Linie (quer zum Mittelpunkt). Das ist die Auflage des Ringes. Beginnen Sie nun zu stapeln, und zwar auf die quer liegenden Holzscheite mit Neigung zum Mittelpunkt hin. Die Konstruktion sollte sich wegen der Statik etwas nach innen neigen.

Aufstapeln und vollwerfen: Beim Aufstapeln des Ringes müssen die Holzscheite etwas überstehen. Nach etwa einem halben Meter Höhe werfen Sie einen prüfenden Blick darauf und schlagen mit der Rückseite der Spaltaxt die überstehenden Holzscheite ein, so dass eine schöne glatte Wand entsteht. Nach oben hin sollte sich die Miete leicht nach innen neigen, damit das Bauwerk nicht einstürzt. Den Hohlraum in der Mitte werfen Sie mit gehacktem Holz voll.

Dach aus Holz: Ist die gewünschte Höhe erreicht, werfen Sie die Mitte voll, bis sich ein Haufen auftürmt. Suchen Sie für den Dachüberstand etwas längere Holzscheite und lassen diese ca. 10 cm überstehen. Die Neigung des Daches darf nicht zu steil sein. Legen Sie nun die Scheite als Holzschindeln bis zur Spitze auf. Das Wasser kann so gut ablaufen. Zusätzlich kann noch Dachpappe aufgelegt werden.

Schüttholzlagerung

Wer sich das zeitintensive Aufschichten des Holzes sparen will, kann auf Gitterboxen (aus dem Fachhandel oder Selbstanfertigung aus Stahlgittermatten) aus unterschiedlichstem Material zurückgreifen. Auch hier muss ein direkter Bodenkontakt vermieden werden und das Brennholz muss von allen Seiten für den Wind zugänglich sein.

Holzlagerung im Haus

In der Regel ist es sinnvoll, den Brennbedarf des nächsten Tages (aber nur den!) im Haus aufzubewahren, denn dann trocknet das Holz in der warmen Wohnungsluft noch einmal.

KÄFER: RAPPELT'S IN DER (HOLZ-)KISTE?

Keine Angst – von diesen Insekten geht in der Regel keine Gefahr aus. Meist haben die Elterntiere das frische Holz befallen. Die jetzt im Brennholz enthaltene Käfergeneration schlüpft zwar noch aus, kann jetzt aber keine Eier mehr im trockenen Holz ablegen. Gefahr besteht auch nicht für bereits verbautes Holz im Haus.

Die Qual der (Ofen-)Wahl

Wer sich einen Ofen zulegen will, sieht sich mit einem fast unüberschaubaren Angebot von Modellen konfrontiert. Bevor eine Entscheidung fällt, sollte man für klären, welcher Ofen für die eigenen Bedürfnisse in Frage kommt.
Grundsätzlich sollten Sie überlegen:

- Wollen Sie den Ofen als Zusatzheizung oder wollen Sie das ganze Haus/die ganze Wohnung damit beheizen?
- Inwieweit sind Sie bereit, den Ofen zu bedienen bzw. für Brennstoffnachschub zu sorgen?

Schon vor dem Kauf müssen Sie sich erkundigen, ob eine Feuerstätte für feste Brennstoffe in Ihrem Haus oder Ihrer Wohnung überhaupt betrieben werden darf. Auskünfte hierüber erteilt der Bezirksschornsteinfeger oder die Baubehörde. Nach dem Anschließen muss das Gerät vom Schornsteinfegermeister abgenommen werden. In Deutschland ist der Betrieb eines Holzofens anzeigepflichtig, ebenso muss die Benutzbarkeit des Kamins vor dem Anschließen des Ofens überprüft und bescheinigt werden. Diese Genehmigung kann nur der Schornsteinfeger erteilen. Außerhalb Deutschlands gelten teilweise andere Vorschriften!

Drei wichtige Funktionen

Ein Ofen ist grundsätzlich dazu da, für Wärme und damit für ein angenehmes Wohnklima zu sorgen. Zu diesem Zweck wird Wärme im Ofen erzeugt. Auf unterschiedlichen Wegen wird sie dann an die Umgebung abgegeben. Damit überschüssige Wärme nicht ungenutzt durch den Schornstein oder durch das geöffnete Fenster ins Freie gejagt wird, sollte sie gespeichert werden.

Wärmeerzeugung

Im Feuerraum, dem „Motor des Ofens", wird der Brennstoff verbrannt. Bei diesem Vorgang wird er in Wärmeenergie umgewandelt. Der Feuerraum ist meist mit Schamottesteinen oder -platten ausgekleidet. Dieses Material besteht aus Ton, der bei hohen Temperaturen gebrannt wurde und deshalb sehr hitzebeständig ist.

Der Ofen kann direkt dort stehen, wo die Wärme benötigt wird. Das bedeutet unter anderem, dass das Heizmaterial an diesen Standort im Zimmer geschafft werden muss. Eventuell sind mit dem Anfeuerprozess dann gewisse Unannehmlichkeiten wie etwa Schmutz verbunden. Um das Feuer in Gang zu setzen, muss man selbst tätig werden: Mit Stückholz betriebene Öfen werden immer manuell bedient.

Die Energie aus dem Holz kann auch dazu dienen, einen anderen Wärmeträger zu erhitzen. Meist verwendet man dafür einen Zentralhei-

> **PRAXISTIPP**
>
> Jede Feuerstätte bis auf den Grundofen, der handwerklich gesetzt ist, wird nach CE geprüft und trägt ein Typenschild. Daraus ist der Hersteller, die Nennwärmeleistung (diese Wärmeleistung kann die Feuerstätte unter Normalbedingungen auf Dauer erbringen), die Registriernummer und die Typenbezeichnung ersichtlich. Beim Kauf sollten Sie darauf achten, dass dieses Schild vorhanden ist!
>
> Hilfreich in Fragen rund um alle Ofentypen ist die Arbeitsgemeinschaft der Deutschen Kachelofenwirtschaft (AdK), die auf Anfrage umfangreiches Informationsmaterial versendet. Die Anschrift finden Sie auf Seite 106 im Adressteil des Buches.

Wer sitzt nicht gern vor einem lodernden Feuer?

zungskessel für Scheitholz oder Pellets, der im Keller steht und durch den Wasser erhitzt wird. Dieses warme Wasser heizt dann über Rohrleitungen Heizkörper in den Wohnräumen.

Wärmeabgabe

Grundsätzlich gibt es drei Möglichkeiten, wie ein Ofen Wärme abgeben kann:

- Bei der **Wärmeleitung** wird durch den direkten Kontakt von Warm und Kalt Wärme übertragen. Wie schnell das geht, hängt davon ab, ob ein Stoff ein guter oder schlechter Wärmeleiter ist: Einen kalten Stuhl aus Stahl empfinden wir beispielsweise als unangenehm, weil die Sitzfläche kalt bleibt, wenn wir uns setzen. Da Metall ein guter Wärmeleiter ist, wird unsere Körperwärme schnell abgeleitet wird. Holz dagegen ist ein schlechter Wärmeleiter: Einen kalten Holzstuhl empfinden wir als weit weniger unangenehm, weil Holz nicht so schnell unsere Körperwärme aufnimmt.
- **Strahlungswärme** wird in Form von elektromagnetischen Wellen von einem warmen Körper an einen anderen Körper abgeben. Bestes Beispiel für Strahlungswärme ist die Sonne. An einem sonnigen Wintertag wärmt die Sonne auch bei frostigen Umgebungstemperaturen unser Gesicht, das wir ihr entgegenstrecken.

Die Qual der (Ofen-)Wahl

Moderne Kaminöfen brennen effektiv und wirken sehr ästhetisch.

Im Falle eines Ofens werden zunächst Kacheln, Steinplatten oder andere Stoffe, die zur Wärmespeicherung fähig sind, erwärmt. Diese Flächen strahlen dann die gespeicherte Wärme ab – beispielsweise an die Zimmerwände und unseren Körper. Sind die strahlenden Zimmerwände wärmer als unser Körper, dann empfinden wir diese Wärme als positiv und angenehm. Sind die Zimmerwände kalt, dann strahlt unser Körper Wärme ab. Das empfinden wir als unangenehm und frösteln. Das erklärt, warum unser Gesicht vor einem offenen Feuer „rösten" kann, dennnoch aber Kälteschauer über unseren Rücken laufen. Durch Strahlungswärme werden keine Luftströme in Bewegung gesetzt, es entsteht also kein Zug, den wir als unangenehm empfinden würden. Je größer der strahlende Körper ist, dessen Abgabetemperatur idealerweise zwischen 30 und 100 °C liegen sollte, desto behaglicher empfindet der Mensch die Wärme.

- Die **Konvektionswärme** beruht darauf, dass sich kalte Luft am heißen Ofen erwärmt. Die erwärmte Luft steigt wegen des vertikalen Temperaturgefälles (unten kalt, oben warm) nach oben und mischt sich während dieses Prozesses mit der Raumluft. Nach einer bestimmten Zeit fängt sie an sich abzukühlen und sinkt wieder nach unten. Jetzt beginnt der Kreislauf erneut. Viele Menschen empfinden Konvektionswärme als unangenehm, weil eine ständige Luftbewegung damit verbunden ist. Aus demselben Grund werden auch Klimaanlagen, die zu einer Luftumwälzung führen, als belastend empfunden. Besonders unangenehm wird es, wenn mit dem Luftzug Staubaufwirbelungen verbunden sind: Nicht nur Hausstauballergiker bekommen dann Probleme, auch Erkältungen oder Entzündungen können die Folge sein.

Wie viel und wie schnell Wärme über die Luft abgegeben wird, hängt von der Ofenart ab. Der Wärmedurchgang eines gusseisernen Ofens beispielsweise ist sehr hoch, denn der Ofen erwärmt sich nach dem Anzünden sehr zügig. Diese Wärme kann dann auch schnell an die Umgebung abgegeben werden. Diese Eigenschaft ist von Vorteil, wenn gerade in der Übergangszeit am Abend rasch Wärme benötigt wird. Der Nachteil ist, dass diese Öfen ebenso rasch wieder erkalten, wenn nicht nachgelegt wird. Der Wärmedurchgang eines mit Kacheln oder Speckstein ummantelten Ofens dagegen ist sehr klein. Da in diesem Fall die Wärme sehr viel langsamer abgegeben wird, kommt es auch nicht zu starken Luftbewegungen. Andererseits dauert es länger, bis die Ofenmasse erwärmt ist und Wärme abgegeben werden kann. Man muss also im Voraus planen, wann Wärme benötigt wird.

Wärmespeicherung

Manchmal wird bei einem Ofen mehr Wärme erzeugt, als im Moment gebraucht wird. Eine geringere Wärmeproduktion ist aber aus ökologischen Gründen nicht vertretbar, weil dadurch mehr Schadstoffe austreten und der Ofen letztlich unwirtschaftlich arbeitet. Aus diesem Grund muss die überschüssige Wärme gespeichert und am besten dann freigesetzt werden, wenn das Feuer im Ofen bereits erloschen ist, also keine weitere Energie aus Holz erzeugt wird. Das Zuviel an freigesetzter Energie kann vom Pufferspeicher entweder gezielt abgerufen werden (z. B. über einen isolierten Warmwasserspeicher) oder wird zeitlich verzögert über die Speichermasse des Ofens freigesetzt.

- Viele Ofenbauer lösen das Problem der Speicherung, indem sie den **Ofen mit Speichermasse ummanteln**. Diese kann aus Speckstein oder Schamottesteinen bestehen. Nach dem Erlöschen des Feuers gibt diese Ummantelung die Energie zeitverzögert in Form von Strahlungswärme an den Raum ab. Wie effektiv die Speicherung ist, ist letztlich von der Masse abhängig: Ein 1,5 Tonnen schwerer Kachelofen kann natürlich mehr Wärme speichern als ein Kaminofen, der nur eine wenige Zentimeter dicke Schicht aus Speckstein besitzt.
- Innerhalb des Ofens können **Wärmetauschflächen** oder **Nachheizflächen** den heißen Gasen die Wärme entziehen. Zu diesem Zweck werden diese durch ein genau berechnetes System von Rauchgaszügen geleitet, die dafür sorgen, dass nicht zu viel Wärme ungenutzt durch den Schornstein entweicht.
- Sogenannte **Hypokaustsysteme** leiten die Wärme in Form von heißer Luft durch ein

geschlossenes System von Warmluftkanälen. Ein ähnliches Heizverfahren, bei dem Heizgase in doppelte Wände oder hohle Böden geleitet werden, war schon bei den alten Römern üblich – die arbeiteten allerdings mit Rauchgasen. Ganz gezielt kann die Wärmeenergie z. B. in eine Sitzbank geleitet werden.

- Es besteht auch die Möglichkeit, dem System überflüssige Wärme zu entziehen, indem die **Energie zur Wassererwärmung** genutzt wird. Dabei strömt meist das heiße Abgas an Wärmeüberträgern („Wasserregistern") vorbei. Das so erwärmte Wasser wird in einen Pufferspeicher geleitet und steht dann als Brauch- oder Heizwasser zur Verfügung.

Wirkungsgrad

Eng verbunden mit den Nachheizflächen ist der Wirkungsgrad einer Feuerstätte. Dieser Wert gibt an, welche Wärmemenge aus einer bestimmten Menge Brennstoff durch einen bestimmten Ofen nutzbar gemacht werden kann. Wird beispielsweise 1 Kilogramm Brennholz, das eine Leistung von 4 KW enthält, in einem Gerät mit einem Wirkungsgrad von 80 % verbrannt, so ergibt sich eine nutzbare Leistung von 3,2 KW. Die restlichen 0,8 KW gehen durch den Schornstein verloren: Sie sind nicht nutzbar. Der Wirkungsgrad wird auch oft in % angegeben; er macht eine Ausage, wie viel des eingesetzten Brennstoffs in Nutzwärme umgesetzt wird.

> **PRAXISTIPP**
> Je höher der Wirkungsgrad eines Ofens ist, desto besser, denn dann sinkt der Brennstoffverbrauch.

Dieser Ofen aus Speckstein speichert die Wärme gut.

Wie ein Feuer „funktioniert"

Holz verbrennt anders als beispielsweise Öl und Kohle. Diese Besonderheiten müssen Sie berücksichtigen, wenn Sie ein Feuer machen und die im Holz enthaltene Energie optimal nutzen wollen. Außerdem hilft Ihnen dieses Wissen bei der Suche nach dem richtigen Ofen. Beißender Qualm in der Wohnung und dunkle Rauchwolken aus dem Kaminofen – wenn solche Begleiterscheinungen beim Anfeuern auftreten, haben Sie definitiv etwas falsch gemacht. Und nicht nur Sie werden in Mitleidenschaft gezogen: Fehler beim Feuern belasten die Umwelt und verärgern die Nachbarn. Bei einem fachgerecht angezündeten und unterhaltenen Feuer treten solche Belästigungen nicht auf. Denn dann ist der Ausstoß an schädlichen Gasen gering und die Wärmeausbeute optimal.

Damit auch Ihnen das Feuern optimal gelingt, wird im Folgenden dieser Prozess am Beispiel eines Kaminofens aufgezeigt.

Die Vorbereitung

Auf den Schamotteboden werden zwei bis drei Stück Scheitholz gelegt. Wenn dort noch etwas Asche liegt, lassen Sie diese ruhig liegen, denn das Anheizen auf dieser Schicht fördert die Qualität der Holzverbrennung. Darauf kommen feine Holzspäne oder dünne Holzscheite (sogenannte Spachtel) aus Fichten- oder Tannenholz. Manche Ofenbesitzer verfahren auch umgekehrt: unten liegen die dünnen Holzspäne, oben die dickeren Scheite. Ob kreuzweise oder pyramidenförmig geschichtet werden soll – da gehen die Meinungen auseinander. Probieren Sie einfach selbst aus, womit Sie am besten zurechtkommen. In das Anmachholz werden ein oder zwei umweltfreundliche Ofenanzünder, die es im Fachhandel zu kaufen gibt, gelegt. Wenn Sie Papier verwenden, dann möglichst wenig, denn auch darin sind Schadstoffe in geringen Mengen enthalten.

Die Vorbereitung des Feuers: Jeder hat seine eigene Methode.

> **WAS DARF VERBRANNT WERDEN?**
> Zur Verbrennung in Wohnräumen sind laut Bundesimmissionsschutz-Verordnung zugelassen:
> - Grill-Holzkohle, Grill-Holzkohlebriketts
> - naturbelassenes stückiges Holz einschließlich anhaftender Rinde (etwa in Form von Scheitholz, Hackschnitzeln) sowie Reisig und Zapfen,
> - naturbelassenes nicht stückiges Holz (beispielsweise in Form von Sägemehl, Spänen, Schleifstaub oder Rinde),
> - Presslinge aus naturbelassenem Holz in Form von Holzbriketts – entsprechend DIN 51731 (Ausgabe Mai 1993) – oder vergleichbare Holzpellets oder andere Presslinge aus naturbelassenem Holz gleichwertiger Qualität.
>
> Feuerungsanlagen für feste Brennstoffe dürfen außerdem nur mit Brennstoffen betrieben werden, für deren Einsatz sie nach Angaben des Herstellers geeignet sind. Errichtung und Betrieb haben sich nach der Anweisung des Herstellers zu richten. Welche Brennstoffe das im Einzelnen sind, listet der Hersteller in der Bedienungsanleitung auf, die jedem verkauften Ofen beiliegen muss.

Die Luftzufuhr muss stimmen

Noch vor dem Anzünden wird der untere Luftschieber voll geöffnet, damit zu Beginn der Verbrennung die maximale Luftmenge vorhanden ist. Gleichzeitig wird auch der obere Luftschieber geöffnet, diese Luft wird benötigt, um die austretenden Holzgase vollständig zu verbrennen. Zu wenig Luft führt zu einer ungenügenden Verbrennung, durch die Energie verschenkt und die Umwelt belastet wird, weil unvollständig verbrannte Abbauprodukte des Holzes durch den Schornstein nach draußen gelangen.

Das Anzünden

Mit einem Streichholz oder Feuerzeug wird die Anzündhilfe entfacht. Schließen Sie dann sofort die Tür, damit die Temperatur im Feuerraum möglichst schnell steigen kann. Die Energie der Anzündhilfe reicht normalerweise aus, um das Reisig oder die Spachtel zu entflammen, welche wiederum die größeren Holzstücke in Brand setzen. Oft sieht man in dieser Phase etwas weißen Rauch austreten.

Zuerst wird das Holz erwärmt und getrocknet, das heißt die Restfeuchte entweicht in Form von

Dickere Scheite aus Kiefernholz entzünden sich an der Flamme.

Wasserdampf bei Temperaturen um die 100 °C. Für diesen Verdampfungsprozess wird Energie aufgewendet, denn das Wasser im Holz muss ja erst einmal zum Sieden gebracht werden, damit es in Form von Dampf entweichen kann. Die dafür aufgewendete Energie steht dann nicht mehr zur Gewinnung von Wärmeenergie zur Verfügung.
Deshalb: Je trockener das Holzbeim Verfeuern ist, desto weniger Energie muss für die Resttrocknung aufgewendet werden!

Die Zersetzung beginnt
Ist das Holz ganz trocken, dann beginnt es sich zu zersetzen. Dieser Prozess beginnt an der Holzoberfläche und setzt sich dann langsam ins Innere des Holzscheites fort. Wie schnell das abläuft, hängt von der Rohdichte des Holzes ab. Für den Umwandlungsprozess wird die sogenannte **Primärluft** benötigt, die durch den unteren Schieber am Ofen zugeführt wird. Wenn dieser Prozess abgeschlossen ist, kann der Schieber geschlossen werden.

Holzgase entweichen

Jetzt brennt die Flamme gelblich-rot und lang, zumindest solange ausreichend viel Luft zugeführt wird. Für die ideale Luftzufuhr sorgt meist eine zweite Klappe am Ofen. Diese führt die sogenannte **Sekundärluft** zu, die für die Verbrennung der Holzgase benötigt wird.

Jetzt beginnen die entstehenden Zerfallsprodukte zu entweichen und zwar – das ist das Besondere an Holz – zu mehr als 70 % des Heizwertes in Form von brennbaren Gasen. Allein die Primärluft würde nicht ausreichen, um die Holzgase vollständig ausbrennen zu lassen. Werden die Heizgase nicht verbrannt und entweichen durch den Schornstein, so bleibt diese Energie ungenutzt und schädigt außerdem die Umwelt.

> **PRAXISTIPP**
> Ist die Verbrennungstemperatur zu niedrig, so bildet sich Ruß, der im Ofen als schmieriger Belag auf den Scheiben sichtbar ist. Der mit dem Wasserdampf durch den Schornstein hinausgetragene Ruß setzt sich auch an dessen Wänden ab: Durch die säurehaltigen Kondensate kommt es zu Versottungen.

Die Asche zeigt, wie effektiv die Holzverbrennung abgelaufen ist.

WAS ALLES NICHT IN DEN OFEN GEHÖRT

Brennstoff	Schadstoffe
Zeitungen, Zeitschriften, Kartonagen	Schwermetalle, Salzsäure, Schwefeldioxid, Fluorwasserstoff
Jogurt-Becher und Styropor	Bei unvollständiger Verbrennung gelangt Styrol teilweise unzersetzt ins Freie. Die krebserregende Wirkung wird zur Zeit überprüft. Die als Flammschutzmittel eingesetzten Phenolätzer können Dioxine freisetzen.
Beschichtetes Material wie Milch- und Safttüten	Salzsäure und Schwermetalle. Dioxine und Furane in unbekannter Menge können freigesetzt werden.
Kunststoffe	Große Mengen an Schwermetallen, Schwefeldioxid, Salzsäure und Dioxine
Mit Teer behandeltes Holz (Eisenbahnschwellen)	Krebserregende Stoffe wie Benzpyren, Phenatren und Anthracen, Einatmen der Stoffe kann zu Schwindel und Kollaps führen.
Spanplatten	Formaldehyd, Phenole, Kohlenmonoxyd, Kohlenwasserstoffe
Feuchtes Holz	Zum Teil krebserregende Kohlenwasserstoffe, Benzol, Benzpyren

(Quelle: Umweltbundesamt, Berlin)

Holzkohle verbrennt zuletzt

Wenn die Glut nur noch kurze, bläuliche Flammen zeigt, ist die Endphase der Verbrennung erreicht. Die entstandene Holzkohle verglüht bei Temperaturen von über 500 °C.
Als Rückstand der Verbrennung bleibt Asche zurück. Diese Asche gibt Aufschluss darüber, wie erfolgreich der Verbrennungsprozess abgelaufen ist: Besteht sie aus weißem, feinem Pulver, dann erfolgte die Verbrennung sauber: Ist die Asche dunkel und grob, so ist das Holz nur unvollständig verbrannt und es wurden mehr Emissionen als nötig freigesetzt.

Nachlegen

Reicht Ihnen die Wärme nicht aus, so sollten Sie nun die vom Hersteller empfohlene Holzmenge auf die Grundglut nachlegen. Jetzt können das auch größere Holzscheite sein. Das Holz sollte aber immer mit langer, ruhiger Flamme brennen. Türe immer langsam öffnen, um einen eventuellen Flammenrückschlag zu vermeiden.

Bauliche Voraussetzungen für einen Ofen

Wer ein Haus baut, der hat auch hinsichtlich der Heizung alle Wahlmöglichkeiten. Notwendige bauliche Maßnahmen können vom Architekten in der Planungsphase problemlos berücksichtigt werden. Hier empfiehlt sich der rechtzeitige Kontakt zum Ofenbauer. Nur er kann dem Architekten die erforderlichen Planungsdaten liefern. Anders sieht es aus, wenn man in eine bestehende Wohnung oder ein bereits errichtetes Haus einen Holzofen einbauen will. Dann muss man sich oft nach den Gegebenheiten richten. Je nachdem, was beheizt werden soll, ergeben sich verschiedene Möglichkeiten. Die verschiedenen Ofentypen werden ab Seite 91 erläutert.

Verordnungen

Kennen Sie die Erste Verordnung zur Durchführung des Bundes-Immissionsschutzgesetzes, auch Kleinfeuerungsanlagenverordnung ge-

Die Qual der (Ofen-)Wahl

> **WORAUF SIE BEIM OFENKAUF ACHTEN SOLLTEN**
> Ab 2007 dürfen nur Geräte mit einem CE-Zeichen in den Verkehr gebracht werden! Dies wurde im Rahmen der Harmonisierung europäischer Normen festgelegt.

> **PRAXISTIPP**
> Eine regelmäßige Reinigung des Ofens trägt dazu bei, einen optimalen Wirkungsgrad des Ofens zu erreichen und gleichzeitig Brennstoff zu sparen. Eine 1,5 Millimeter dicke Rußschicht bedingt beispielsweise einen Brennstoffmehrverbrauch von ca. 6 %. Die Reinigung der Heizflächen verlängert außerdem die Lebensdauer der Anlage. Kaminfeger oder Ofenbauer helfen Ihnen in allen Fragen im Bereich Brandschutz, Energieeinsparungen und Benutzerverhalten. Sie sind auch der erste Ansprechpartner, wenn es um Genehmigungsfragen rund um den Ofen geht. Um den für Sie zuständigen Bezirksschornsteinfeger zu finden, können Sie unter www.schornsteinfeger.de suchen. Die Adresse des Bundesverband des Schornsteinfegerhandwerks finden Sie am Ende des Buches auf Seite 106.

nannt? Sie befasst sich neben Öl- und Gasheizungen auch mit Haushalts- und Einzelfeuerstätten wie Kachelöfen, Kaminöfen, Kaminen und Dauerbrandöfen.

Sie können es aber auch einfacher haben: Gehen Sie zu Ihrem Bezirkskaminkehrer oder dem ortsansässigen Ofen- und Luftheizungsbau-Meisterbetrieb und fragen Sie, unter welchen Bedingungen Sie einen Ofen aufstellen, anschließen und betreiben dürfen. Er sagt Ihnen dann auch, worauf Sie beim Ofenkauf achten müssen. Außerdem kennt er Sonderverordnungen, wie beispielsweise die Münchner Brennstoffverordnung. Hier erließ die Stadt ein generelles Betriebsverbot für sogenannte handbeschickte Feststofffeuerungsanlagen. Nur für besonders schadstoffarme Geräte lässt die Stadt München Ausnahmen zu.

Schornsteinanschluss

Der Kamin oder – so die offizielle Bezeichnung – die Abgasanlage gehört zu den wichtigsten Teilen jeder Holzfeuerung. Denn dadurch wird die Luft, die dem Verbrennungsprozess zugeführt wurde, wieder nach außen geführt. Die Strömung des Gases verhindert, dass Rauchgase aus der Feuerstätte in den Wohnbereich dringen. Jeder Kamin muss dicht und isoliert sein, um gefahrlos funktionieren zu können. Wegen seiner sicherheitsrelevanten Funktion (Kohlenmonoxid-Vergiftung, Rußbrandgefahr) ist der Schornstein baurechtlich abnahmepflichtig. Die Abnahme und Überprüfung erfolgt allein durch den Schornsteinfeger.

Findet der Betrieb des Ofens mit offener oder geschlossener Ofentür statt? Davon hängt es meistens ab, ob ein Ofen einen eigenen Schornstein braucht oder ob mehrere Feuerungsanlagen an einem gemeinsamen Kamin hängen können. Prinzipiell ist eine gemeinsame Nutzung immer dann möglich, wenn ein gleichzeitiger Betrieb ausgeschlossen ist. Allerdings sind hier die Regelungen in jedem Bundesland unterschiedlich. Ihr zuständiger Schornsteinfeger kann hier Auskunft geben.

Wie groß die Leistung eines Ofens sein darf, hängt vom **Kaminquerschnitt** ab: bis 4,5 kW/h sollte er 18 cm, darüber 20 cm betragen. Ist der Kamin zu groß, so kühlen die Abgase zu schnell ab. Dann können Holzteerablagerungen an den Innenwänden kondensieren und im schlimmsten Fall einen Kaminbrand auslösen. Hinsichtlich der **Höhe des Schornsteins** sowie der Höhe seiner Mündung gibt es unterschiedliche Anforde-

> **PRAXISTIPP**
> Bei allen Fragen rund um den Neubau eines Schornsteins hilft die Initiative Pro Schornstein e. V. (IPS). Die Adresse der IPS ist am Ende des Buches auf Seite 106 augeführt.

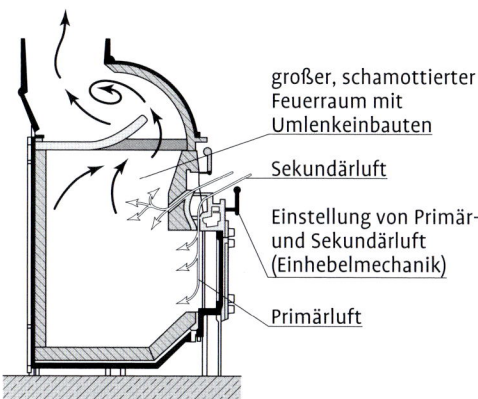

Moderne Holzöfen besitzen eine getrennte Zufuhr von Primär- und Sekundärluft sowie Umlenkeinbauten, die die Durchmischung der Holzgase mit Luft garantieren.

rungen, die von der Dachneigung, den Dachaufbauten sowie der Art der Bedachung abhängig sind. Auch hierbei kann Ihnen Ihr Schornsteinfeger Auskunft geben.

Luftzufuhr

Ist eine ausreichende Luftzufuhr allein über die Raumlüftung nicht möglich, dann muss zusätzlich Verbrennungsluft beispielsweise aus Kellerräumen zugeführt werden. Dies kann etwa bei Niedrigenergiehäusern der Fall sein. Für die Verbrennungstemperatur im Feuerraum ist es von Vorteil, wenn diese Luft schon vorgewärmt dorthin gelangt (siehe Seite 84). Nur als Rahmengröße: Ein Kilogramm Brennstoff benötigt rein rechnerisch 4 cm³ Luft zur Verbrennung. Besser arbeitet ein Holzofen allerdings mit einem etwa doppelten Luftüberschuss von 8 bis 10 cm³ Luft für die Verbrennung. Wird eine Feuerstätte nicht benutzt, so verhindern verschließbare Rauchgasklappen, dass es in dieser Zeit zu Wärmeverlusten durch Lüftung kommt.

> **DIE RICHTIGE LUFTZUFUHR**
> Zu viel Luft verringert die Temperatur im Feuerraum und verschlechtert den Wirkungsgrad. Zu wenig Luft führt zu unvollständiger Verbrennung und damit zu hohen Schadstoffemissionen.

Untergrund

Öfen, besonders Kachelöfen, können echte Schwergewichtler sein. Die Deckenkonstruktion muss deshalb eine bestimmte Last aufnehmen können. Gerade bei alten Häusern mit Fehlböden oder einer Holzbalkendecke sollte vor dem Ofeneinbau ein Statiker hinzugezogen werden. Kaminöfen dürfen auf fertige Fußböden gesetzt werden, Kachelöfen werden möglichst direkt auf die Rohdecke aufgesetzt.

Standort

Der Schornstein gibt den Standort des Ofens vor. Wer in einem bestehenden Haus einen Ofen einbauen will, muss sich an den Gegebenheiten, also dem vorhandenen Kamin, orientieren. Wer neu baut und eine zentrale Feuerstelle im Haus haben will, sollte, möglichst bevor der Rohbau steht, einen Ofenbauer konsultieren.
Soll ein Ofen mehrere Räume beheizen, dann müssen Durchbrüche in den Wänden, manchmal auch in der Decke, geplant und vorgenommen werden. Grundsätzlich sollte ein Ofen an einer Innenwand stehen und von dort aus seine Wärme ohne Hindernisse zu den Außenwänden senden können. Diese werden dadurch ebenfalls erwärmt und strahlen die Wärme zurück.

Die Qual der (Ofen-)Wahl

Sicherheitsabstände

Ein Mindestabstand von 20 cm muss zwischen Seiten- und Rückwänden des Ofens sowie brennbaren Materialien (z. B. Holzverkleidungen) eingehalten werden. Von der Feuerraumöffnung müssen brennbare Teile mindestens 80 cm, von einwandigen Rauchrohren mindestens 40 cm Abstand haben. Brennbare Fußbodenbeläge wie Teppiche, Parkett oder Laminat werden durch eine Funkenvorlage geschützt: Vor der Feuertür müssen mindestens 50 cm des Bodens durch einen nicht brennbaren Belag aus Stahlblech, Stein, Fliesen oder Glas, seitlich vom Ofen mindestens 30 cm geschützt sein.

Ofengröße und Holzverbrauch

Wie groß Ihr Ofen sein muss und wie viel Brennmaterial er verbraucht, ist von verschiedenen Fragen abhängig, u. a.:
- Soll der Ofen nur übergangsweise bzw. ergänzend oder als alleiniges Heizsystem eingesetzt werden?
- Wie viele Räume und welche Fläche soll mit dem Ofen beheizt werden? Das ist zum einen vom Standort des Ofens abhängig und ob Verbindungen innerhalb eines Stockwerks oder über mehrere Etagen hinweg bestehen oder geschaffen werden können.

Die zu beheizende Fläche ergibt sich ganz einfach, indem man Länge und Breite des Raums/der Räume miteinander multipliziert. Wie dann der sogenannte Wärmebedarfswert aussieht, kann Ihnen ein Architekt sagen. Normalerweise rechnet man mit
- 10 bis 20 W/m^2 im Niedrigenergiehaus,
- 20 bis 40 W/m^2 in einem gut gedämmten Neubau,
- 50 bis 70 W/m^2 in einem wärmegedämmten Altbau,

Auch mit einer Glasplatte kann der Fußboden geschützt werden.

- 70 bis 120 W/m^2 in einem schlecht gedämmten Altbau.

Dies sind aber nur überschlägige Werte! Wer beispielsweise ein Wohnzimmer mit 40 m^2 beheizen möchte, hat bei einem Wärmebedarfs-

> **HEIZLEISTUNG**
> Die Heizleistung gibt bei Öfen Auskunft darüber, welche Leistung über etwa anderthalb Stunden bereitgestellt werden kann. Sie wird in Kilowatt angegeben. Das Wärmeabgabesystem hat Einfluss darauf, wie diese Leistung abgegeben wird. Ein vor allem auf Konvektion beruhendes System bringt eine schnelle und hohe Heizleistung, bei einem auf Strahlung beruhenden System erfolgt die Leistungsabgabe über einen längeren Zeitraum und dafür geringer.

wert von 80 W/qm einen Wärmebedarf von 3200 Watt oder 3,2 Kilowatt. Nach diesem Wärmebedarf sollte die Heizleistung des Geräts ausgelegt werden.

Als **Richtwert für den Jahresverbrauch von Einzelöfen** nennt das Technologie- und Förderzentrum in Straubing 1 Raummeter trockenes Buchenholz pro Kilowatt Heiz-Nennleistung, wenn der Ofen nur tagsüber als Zusatzheizung brennt.

Als **Richtwert für den jährlichen Brennstoffbedarf eines freistehenden Wohnhauses** wird – eine ausschließliche Beheizung mit trockenem Scheitholz vorausgesetzt – bei Einsatz von Hart-

> **PRAXISTIPP**
> Eine Drosselung der Luftzufuhr führt lediglich zu einer unvollständigen Verbrennung des Holzes sowie zu einer erhöhten Schadstoffabgabe. Die Wärmeabgabe Ihres Ofens sollten Sie nur über die Brennstoffmenge steuern.

holz mit etwa 1,5 Rm/kW und bei Einsatz von Weichholz mit etwa 2 Rm/kW gerechnet. Bei einer Pellet-Zentralheizung liegt der jährliche Brennstoffbedarf etwa bei 440 kg/kW.

Temperaturregulierung

Falsch ist die Annahme, man könne einen klassischen Holzofen, bei dem von Hand nachgelegt wird, „schön langsam" brennen lassen, indem man die Zufuhr von Verbrennungsluft drosselt. Zwar kann auf die Leistung mit der Luftzufuhr Einfluss genommen werden, allerdings nur auf Kosten der Umwelt, nämlich mit erhöhten Schadstoffemissionen und schlechter Verbrennung. Regulieren lassen sich Holzfeuerungen nur, wenn sie eine automatische Leistungs- und Luftmengenregulierung besitzen. Pelletheizungen etwa haben eine solche. Manuelle Feuerungen sollten immer mit voller Leistung betrieben werden. Wird nicht die gesamte Energie benötigt, so kann sie – beispielsweise bei einer Holzzentralheizung – in Form von warmem Wasser gespeichert werden. Ist keine Speichervorrichtung vorhanden, so bleibt nur noch die Möglichkeit, die Brennstoffmenge zu reduzieren.

Die Sache mit dem Feinstaub

Schätzungsweise 14 Millionen kleine Feuerungsanlagen gibt es momentan in Deutschland. Diese sind angeblich mit 8 % am Feinstaubaufkommen beteiligt. Das ist heikel, denn mikroskopisch kleiner Feinstaub kann über die Lunge in die Blutbahn dringen und zu Husten und Asthma führen. Zudem belastet er das Herz-Kreislauf-System. Ob der Feinstaub aus Holzfeuerungen die gleichen Auswirkungen hat wie der aus Dieselfahrzeugen, wird noch wissenschaftlich untersucht.

Geplante Gesetzesänderungen

Mit strengeren Auflagen für den Betrieb kleinerer Holzfeuerungen und besserer Aufklärung will deshalb das Bundesumweltamt Abhilfe bei den hohen Feinstaubemissionen schaffen. Geplant sind folgende Maßnahmen im Rahmen einer Änderung der 1. Verordnung zum Bundesimmissionsschutzgesetz:

- ■ Durch Emissionsgrenzwerte und Mindestwirkungsgrade bei der Typprüfung soll gewährleistet werden, dass nur saubere Anlangen auf den Markt kommen.

Pellets werden in einen Pelletofen gefüllt.

- Die Emissionsgrenzwerte für Kohlenmonoxid und Staub sollen deutlich verschärft werden.
- Alle Betreiber von Feuerstätten sollen besser beraten werden. Diese Beratung erfolgt durch den Schornsteinfeger, der ohnehin alle fünf Jahre anlässlich einer Feuerstättenschau ins Haus kommt.

Verantwortungsbewusstes Verbraucherverhalten

Wie viel Feinstaub ausgestoßen wird, ist nicht nur von Art und Alter der Anlage abhängig. Auch die Art der Befeuerung, der Wartungszustand des Ofens sowie die Qualität des genutzten Holzes hat Einfluss darauf. Sinnvoll ist es deshalb, vom Schornsteinfeger oder Ofenbauer regelmäßig die eigene Anlage überprüfen zu lassen und hinsichtlich des eigenen Handelns Verantwortungsbewusstsein zu beweisen.

Es werden bereits moderne Holzfeuerungsanlagen im Handel angeboten, die relativ geringe Feinstaubemissionen verursachen. Dazu zählen vor allem mit Holzpellets betriebene Feuerungen (dazu mehr auf Seite 99). Besonders emissionsarme Pelletöfen und -heizkessel können das Umweltzeichen „Blauer Engel" erhalten. Weitere Informationen zum Umweltzeichen für Holzpelletfeuerungen gibt es im Internet unter http://www.blauer-engel.de.

Handeln Sie verantwortungsbewusst und helfen Sie mit, die Feinstaubbelastung möglichst gering zu halten, indem Sie

- nur gut getrocknetes Holz verwenden!
- die Anheizphase möglichst kurz halten!
- auf die richtige Größe der Holzscheite achten! Holz sollte immer „klein" gespalten werden. Ideal sind etwa 3 Stück mit einem Gewicht von anderthalb Kilogramm.
- bedarfsgerecht heizen! Wenn Sie überheizen, ist das Energieverschwendung. Dann ist ein Pufferspeicher sinnvoll.
- Ihre Holzheizung regelmäßig reinigen!
- die Bedienungsanleitung des Ofenherstellers beachten!

Ofenarten

Vom offenen Kamin über den Schwedenofen bis hin zum gemütlichen Kachelofen – die „Ofenlandschaft" präsentiert sich abwechslungs- und variantenreich. Nicht alle Typen erweisen sich jedoch als gleichermaßen geeignet für das umweltfreundliche und effektive Verbrennen von Holz.

Der offene Kamin

Die Behaglichkeit und das Flair, die von einem offenen Feuer ausgehen, schätzen die Anhänger eines offenen Kamins. Seine Rückwand und teilweise auch die Seitenwände sind gemauert und er ist damit fest im Haus integriert. Zum Wohnraum hin ist der Feuerraum offen. Auf diese Weise kann man das Knistern und die züngelnden Flammen hautnah erleben.

Allerdings: So richtig warm wird es einem vor dem offenen Kamin nicht, denn ein ständiger Luftstrom muss durch die Öffnung in Richtung

> **PRAXISTIPP**
>
> Wenn Sie noch einen alten Kohleofen im Keller haben, so ist der auf jeden Fall nicht für Holz geeignet, denn Kohle verbrennt anders als Holz, nämlich mit kurzer Flamme und ein Kohleofen hat einen dementsprechend gestalteten Feuerraum.

Schornstein ziehen können, damit kein Rauch ins Zimmer quillt. Diese ständige Sauerstoffzufuhr führt dazu, dass das Feuer weit davon entfernt ist, die optimale (hohe) Verbrennungstemperatur zu erreichen. Deshalb gelangen bei einem offenen Kamin viele Schadstoffe durch den Schornstein nach außen.

Die Qual der (Ofen-)Wahl

Der offene Kamin: Er steigert vor allen Dingen das Wohngefühl.

Um es ganz nüchtern auszudrücken: Der Wirkungsgrad eines offenen Kamins liegt bei 10 bis 20 %, d. h. nur 20 % des Brennwertes von Holz werden für die Wärmeerzeugung in Form von Strahlung genutzt, der Rest entschwindet wirkungslos durch den Schornstein. Kein Wunder, dass der Gesetzgeber bestimmt hat, dass ein offener Kamin nur gelegentlich (das sind etwa acht Tage pro Monat und fünf Stunden pro Tag) betrieben werden darf. Mancherorts wurde sogar ein Verbot für offene Kamine ausgesprochen.

Etwas verbessert wird der Wirkungsgrad eines offenen Kamins, wenn die Seitenwände die Strahlung reflektieren und diese dann in den Wohnraum gelangen kann. Am besten sind leicht schräge Seitenwände, eine geneigte Rückwand sowie eine relativ kleine Feuerstelle, damit die umgebenden Wände sich rasch erwärmen und dann Strahlung abgeben.

Ganz ungefährlich ist ein offener Kamin nicht: Gerade bei Nadelholz kann es immer wieder zu Funkenflug kommen. Ein Kaminfeuer muss immer beaufsichtigt werden, damit Kleider und Mobiliar nicht in Band geraten. Ein genügend großer Abstand zu brennbaren Bodenbelägen muss gleichfalls immer gegeben sein. Ein Funkenschutzgitter kann zwar zu einem gewissen Grad Abhilfe schaffen, ganz gefeit ist man aber

Der geschlossene Kamin verbindet attraktives Aussehen mit einer deutlich verbesserten Verbrennungsqualität.

nicht vor dem Risiko des Funkenflugs. Voraussetzung für einen offenen Kamin sind ein eigener Kaminzug sowie eine separate Frischluftzufuhr. Damit wird verhindert, dass Rauch in die Wohnräume gelangt.

Der geschlossene Kamin

Das behagliche Bild züngelnder Flammen kann man natürlich auch durch eine Glasscheibe genießen. Durch den nun geschlossenen Feuerraum fließt nicht mehr so viel warme Luft aus den Wohnräumen ab, da die Zufuhr kontrolliert werden kann. Wer bereits einen offenen Kamin besitzt, kann einen Heizeinsatz mit selbsttätig schließender, meist mit einem Federmechanismus versehener Glastür in den Feuerraum einbauen lassen. In der Schweiz wird dieser Ofen-

> **PRAXISTIPP**
> Heizkamine, die auch bei offener Tür betrieben werden, benötigen zwingend einen eigenen Schornstein. Bei selbst schließender Tür ist auch eine Mehrfachbelegung möglich, d. h. nach Rücksprache mit dem Bezirksschornsteinfeger kann an diesem Anschluss beispielsweise auch eine Zentralheizung hängen.

Die Qual der (Ofen-)Wahl

Ofenarten

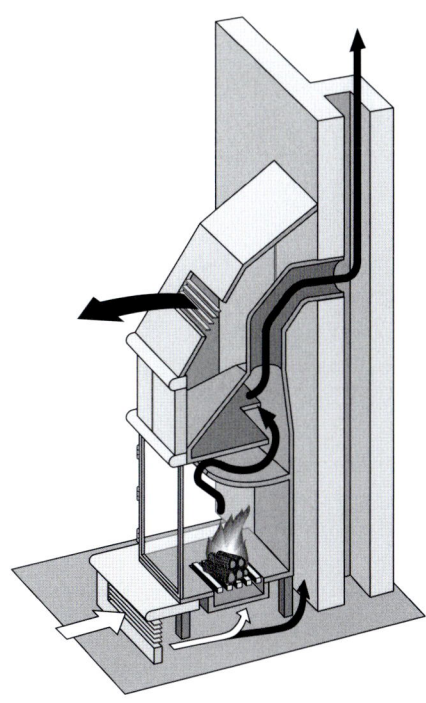
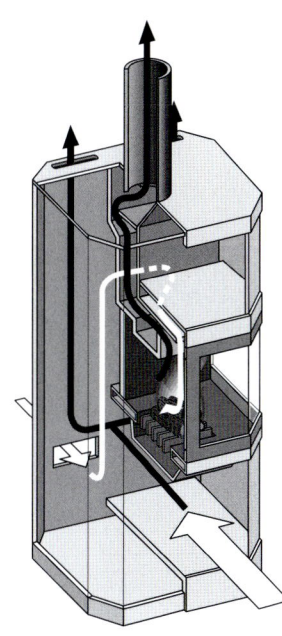

Sowohl geschlossener Kamin als auch Kaminofen besitzen einen abgeschlossenen Feuerraum. Die Verbrennungsluftzufuhr lässt sich so gut kontrollieren, was positive Folgen auf Wirkungsgrad und Verbrennungsqualität hat.

typus als Cheminée bezeichnet. Das Feuer erreicht durch die Tür rascher seine optimale Verbrennungstemperatur, denn der Feuerraum ist jetzt abgeschlossen und die Zufuhr von Luft kann besser kontrolliert werden. Und wer jetzt den Feuergenuss „hautnah" erleben will, öffnet einfach die Türen oder schiebt die beschränkende Scheibe nach oben.

Wärmespeichernde Flächen aus Gusseisen oder Eisenblech, die in Rippenform auf der Rückseite verlaufen, tragen zusätzlich dabei, dass vorbeiströmende Luft erwärmt wird. Dadurch steigt der Wirkungsgrad auf mehr als 60 % bei geschlossenen Türen, bei offenem Feuerraum werden immerhin schon 40 % erreicht.

Der Kaminofen kann frei im Zimmer aufgestellt werden.

Probleme können Staubablagerungen in den Kanälen bereiten. Diese sollten deshalb regelmäßig entfernt werden.

Der Kaminofen

Als „Schwedenofen" kam diese Ofenart in den 1970er-Jahren zu uns und fand schnell viele Liebhaber. Kein Wunder, denn er vereinigt durch das Sichtfenster die Vorzüge eines offenen Kamins und durch die Wärmeabgabe über den Ofenmantel die Vorteile eines Warmluftkachelofens in sich. Ein Kaminofen besteht aus Eisen und wird freistehend im Wohnraum installiert. Er besitzt eine luftdicht verschlossene Tür mit einer Scheibe. Im Feuerraum sorgen Schamottesteine dafür, dass das Metallgehäuse keiner zu starken Wärmebelastung ausgesetzt ist. Zwar ist die

 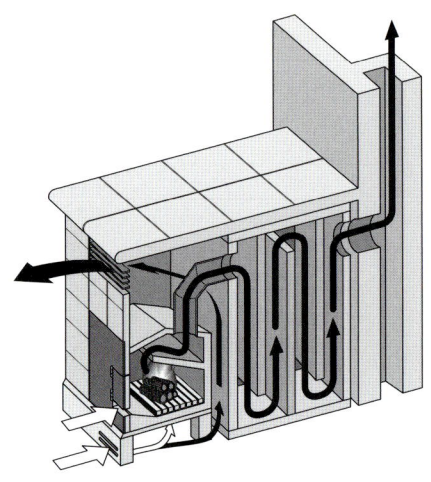

Der Warmluftkachelofen: Wie viel Wärme gespeichert werden kann, ist von den gemauerten Zügen hinter dem Heizeinsatz abhängig.

Wärmespeicherfähigkeit eines Kaminofens noch nicht sonderlich hoch – dazu fehlt ihm einfach die Masse. Doch er ist schon relativ preisgünstig zu haben und einfach zu installieren, wenn ein Schornstein vorhanden ist. Ein weiteres Plus im Zeichen steigender Mobilität!

Eine Weiterentwicklung hat die Speicherfähigkeit des Kaminofens in den letzten Jahren erfahren. Besonders Speckstein und Kacheln sorgen dafür, dass im Ofenmantel ein Teil der Wärme gespeichert und nach dem Abbrand in Form von Strahlungswärme wieder abgegeben wird. Solche Halbspeicher-Öfen gibt es in vielen verschiedenen attraktiven Designs, passend zu jeder Einrichtung.

Der Warmluftkachelofen

Ein Warmluftkachelofen erzeugt, wie der Name schon sagt, warme Luft. Den Kern des Ofens bildet ein industriell gefertigter Heizeinsatz aus Stahl oder Grauguss. Hinter dem Heizeinsatz schließen sich Nachheizflächen oder Gaszüge aus Metall und Keramik an. Umkleidet ist der Heizeinsatz von einer gemauerten Ummantelung, dessen Oberfläche verputzt und gekachelt und ganz individuell gestaltet werden kann.

Die Wärmeabgabe erfolgt auf zwei verschiedene Arten: Zum einen wird die Raumluft, die sich innerhalb der Ummauerung befindet und durch Luftöffnungen im Sockel eintreten kann, erwärmt und dann über für diesen Ofen typische Gitterkacheln oder Warmluftgitter wieder ins Zimmer abgegeben. Diese Gitter lassen sich verstellen. Sind sie weit geöffnet, so vergrößert sich der Anteil der Konvektionswärme. Grundsätzlich liegt ihr Anteil bei Warmluftöfen bei 60 bis 70 %. Diese Wärme steht relativ rasch nach dem Anheizen zur Verfügung. Zum anderen erwärmen sich durch die warme Luft auch die Kachelwände, die nun selbst wieder Strahlungswärme abgeben. Zur Wärmespeicherfähigkeit stehen auch die angeschlossenen keramischen Heizzüge zur Verfügung. Sie sorgen dafür, dass die entstehenden Gase zum Schornstein abgeleitet werden und gleichzeitig möglichst viel Wärme an die Kacheln abgegeben wird. Der Anteil von Strahlungswärme liegt bei 30 bis 40 %.

Der recht hohe Anteil von Konvektionswärme hat zur Folge, dass relativ viel Luft in Bewegung ist. Um damit nicht auch unnötig viel Staub aufzu-

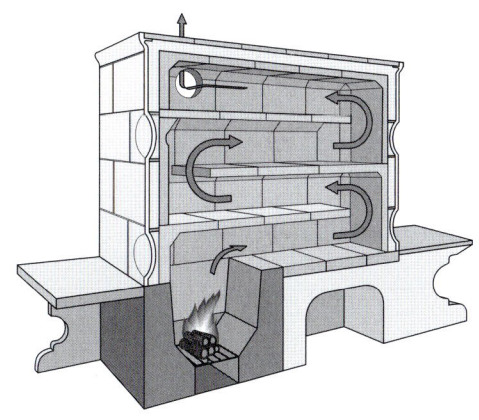

Der Grundkachelofen: Er erwärmt sich nur langsam, strahlt aber nach dem Erlöschen des Feuers noch lange Wärme ab.

wirbeln, müssen die Heizkammer und die Heizzüge regelmäßig gereinigt werden.

Der Grundkachelofen

Der Grundkachelofen wird vor Ort gesetzt. Sein Herzstück ist ein Brennraum aus Schamottesteinen, an den sich Heizgaszüge, die ebenfalls aus Schamottesteinen gefertigt sind, anschließen. Er besitzt eine Kachelverkleidung, deren Gestaltung hinsichtlich Farbe und Design fast keine Grenzen gesetzt ist. Eine etwas billigere Variante des Kachelofens ist ein verputzter Ofen, dessen Mantel aus Schamottesteinen aufgemauert wird.

Seine große Masse hat zur Folge, dass die Wärme überwiegend in Form von Strahlung abgegeben wird, die als sehr angenehm empfunden wird. Die Wärmestrahlung bewirkt auch eine erhöhte Temperatur der gegenüberliegenden Zimmerwände, was erheblich zum Behaglichkeitsempfinden beiträgt. Natürlich erwärmt sich daneben aber auch Luft an den großen Kachelflächen, die dann nach oben steigt. Diese Strahlungswärme bleibt aber vom prozentualen Anteil her weit hinter der Konvektionswärme zurück. Erhöht werden kann der Strahlungsanteil, wenn der Grundofen ein Sichtfenster besitzt: Über dessen Scheibe wird dann kurzfristig Wärme abgegeben, während sich die Speichermasse noch aufheizt.

Dass die bei der Verbrennung entstehende Wärme optimal genutzt wird, dafür sorgen die Heizgaszüge, deren Konstruktion die Aufgabe eines Kachelofenbaumeisters ist (siehe Seite 106).

> **KACHELOFEN MIT GÜTESIEGEL**
> Ein Kachelofen ist ein Bauwerk, das gut durchdacht werden muss. Für gütegesicherte Kachelöfen garantiert die Gütegemeinschaft Kachelöfen mit ihrem RAL-Prüfsiegel des Deutschen Instituts für Gütesicherung. Informationen unter: www.gzko.de

Bis zu vier Stunden kann es dauern, bis der Grundkachelofen aufgeladen ist. Nach dem Anheizen muss dann allerdings bis zu 10 Stunden nicht mehr nachgelegt werden. Die Abgabe der Strahlungswärme kann bis zu 16 Stunden anhalten. Grundsätzlich gilt: Je dicker die Ofenummauerung konzipiert ist, je „schwerer" er also ist, desto länger braucht er zur Erwärmung und umso länger

dauert es, bis die Wärme zeitversetzt an den Raum abgegeben wird. Nach dem spezifischen Gewicht wird deshalb auch zwischen schwer, mittel und leicht unterschieden:
- Die leichte Ausführung ist durch Speicherzeiten von bis zu 6 Stunden gekennzeichnet.
- Die mittlere Ausführung speichert die Wärme bis zu 8 Stunden bei einer Leistung von 0,75 kW pro m² Ofenfläche.
- Die schwere Ausführung hat bei einer Wärmeleistung von 0,5 kW je m² Ofenfläche Speicherzeiten von bis zu 16 Stunden.

Die Regulierung der Wärme ist relativ schwierig und nur über die Brennstoffmenge möglich. Deshalb werden diese Öfen nach dem Wärmebedarf berechnet und ausgelegt. Mit einem Grundofen können ein oder mehrere Räume beheizt werden. Bei gut isolierten Häusern kann er bei entsprechender Positionierung innerhalb des Hauses auch als ausschließliche Wärmeversorgung eingesetzt werden.

Ein Kachelofen ist ein echtes Meisterstück der Handwerkskunst. Nach dem Setzen muss erst vorsichtig trocken geheizt werden, denn das Wasser, das in Kacheln, Schamotte und Mörtel steckt, darf nur ganz langsam entweichen. Eine bis drei Wochen lang – je nach Jahreszeit – muss deshalb der Ofen „auf Sparflamme" beheizt werden. Zu große Hitze bei der Erstinbetriebnahme könnte zu Rissen und Sprüngen, schlimmstenfalls zur Zerstörung des Ofens führen.

Die Hypokaustenheizung

Besonders in der Schweiz sind sogenannte Hypokaustenheizungen sehr beliebt. Bei diesem geschlossenen Heizsystem wird in einem von einem doppelschaligen Ofen umgebenen Heizeinsatz Luft erwärmt, die nach oben strömt und die Wärme dann an die Ummauerung abgibt. Erkaltet sie, so strömt sie wieder in den Heizeinsatz zurück. Hypokaustensysteme eignen sich sowohl für Neubauten als auch für Sanierungen. Geschätzt wird von den Benutzern die einfache Technik sowie das Fehlen von Staubverwirbelungen im Raum. Als sehr angenehm wird die Strahlungswärme empfunden, die – ein weiterer Vorteil – von keinen sichtbaren Heizkörpern abgegeben wird.

Die Holzzentralheizung

Zu den meistgebrauchten Holzzentralheizungen gehören **Stückholzkessel**, deren Füllraum von Hand beschickt wird. Die Bereitschaft zu einem gewissen Arbeitsaufwand muss beim Besitzer also gegeben sein. Verwendet werden Meterscheite, manche Anlagen verbrennen nur Stückholz bis zu einer Länge von 50 cm. Meist ist der Füllraum für eine Brenndauer von bis zu acht Stunden ausgelegt, dann wird neues Holz nachgelegt. Bei Anlagen mit seitlichem oder unterem Abbrand kann dies auch bei laufendem Kessel erfolgen.

Eine **Scheitholzfeuerung** wird heute vollautomatisch gesteuert, wobei die überschüssige Energie am besten in einen Pufferspeicher abgegeben wird. Dieser ist normalerweise mit einem Brauchwasserboiler kombiniert. Zwar erreichen moderne Scheitholzkessel auch im Teillastbetrieb gute Wirkungsgrade, in Vollleistung werden aber die geringsten Emissionen ausgestoßen.

Voraussetzung für eine Zentralheizung ist ausreichender Platz für die Holzlagerung. Pro Heizperiode werden zwischen 20 bis 30 Raummeter Holz benötigt. Das bedeutet, dass das Vorratslager 100 Raummeter fassen muss.

Hackschnitzelheizkessel werden meist dort eingesetzt, wo Hackschnitzel direkt anfallen, also insbesondere bei bäuerlichen Betrieben. Oft werden Hackschnitzel auch in kleinen Nahwärmenetzen verheizt. Kessel liegen im Leistungsbereich von 15 bis 250 Kilowatt und werden deshalb in diesem Buch, das vor allem auf Kleinfeueranlagen ausgerichtet ist, nicht berücksichtigt.

Pellet-Zentralheizungen werden derzeit mit halb- und vollautomatischen Kesseln angeboten. Lediglich die Art der Befüllung unterscheidet die beiden Typen. Die halbautomatischen Anlagen werden mit Hand befüllt; der Vorratsbehälter sollte mindestens 400 Liter fassen.

In automatischen Anlagen erfolgt die Pelletzufuhr über eine Schnecke oder Saugvorrichtung, die die Pellets vollautomatisch aus dem Lagerraum holt. Der Verbrennungsprozess erfolgt dann ebenfalls vollautomatisch. Selbst um die Entfernung der Asche und die Heizflächenreinigung muss man sich oft nicht kümmern.

Angeliefert werden die Pellets von einem Silowagen, der sie über einen langen Schlauch in den Lagerraum bläst. Deshalb ist es günstig, wenn dieser Lagerraum an eine Außenwand grenzt, weil er dann leichter befüllt werden kann. Um den Jahresbedarf zu decken, sollte ein Tank etwa 3 m³ Pellets aufnehmen können. Damit im Lager selbst während des „Betankens" kein Überdruck entsteht, wird gleichzeitig über eine zweite Öffnung Luft abgesaugt. Aufgrund der Staubentwicklung muss ein Lagerraum luftdicht konzipiert und über eine nach außen zu öffnende Tür zugänglich sein. Elektroinstallationen sollten im Lagerraum selbst wegen des Risikos einer Staubexplosion vermieden werden.

Aufgrund der hohen Effizienz können Pelletheizungen staatlicherseits gefördert werden. Informationen unter www.bafa.de

Der Pelletofen

Pellets können sehr variabel eingesetzt werden: Sie eignen sich für Einzelöfen ebenso wie für halb- oder vollautomatische Zentralheizungskessel. Einzelöfen werden meist freistehend im Wohnbereich aufgestellt, möglich ist auch ein Kamineinsatz. Ein Einzelofen ist in der Anschaffung um einiges teurer als ein Zimmer- oder Kaminofen, dafür sind aber der Bedienungskomfort und der Wirkungsgrad höher. Typisch für einen Pelletofen ist ein Vorratsbehälter, der vom eigentlichen Brennraum getrennt ist, und regelmäßig befüllt werden muss. Von dort aus werden dann die Pellets vollautomatisch in den Brennraum befördert und verbrennen hinter einer Sichtscheibe. Bis zu 100 Stunden Brenndauer sind dann möglich. Während der Heizphase kann jederzeit nachgefüllt werden. Die Heizleistung wird von Hand oder über einen Thermostat geregelt; sie liegt zwischen 2 und 10 Kilowatt. Eine Rückbrandsicherung verhindert, dass sich Pellets im Förderbereich oder im Lagerraum entzünden können.

Kontrovers diskutiert wird zur Zeit der Feinstaubausstoß von Pelletheizungen (siehe Seite 9). Eine Untersuchung des Technologie- und Förderzentrums Straubing kam allerdings zu folgendem Ergebnis: Eine 15 Kilowatt-Pelletheizung lieferte bei ihrer Nennwärmeleistung mit 20 Milligramm pro m³ Abgas den geringsten Staubausstoß im Vergleich zu Scheitholz- und Hackschnitzelkesseln. Er lag deutlich unter dem Grenzwert der Bundesimmisionschutz-Verordnung von 150 Milligramm.

Auch weiterhin wird von der Forschung mit Hochdruck gearbeitet, um das Niveau zu senken, das bisher noch weit über Gas- und Ölheizungen liegt. Wer heute einen Pelletofen kauft, sollte auf jeden Fall auf das Umweltzeichen „Blauer Engel" achten. Informationen unter www.blauer-engel.de.

> **ACHTUNG!**
> Normale Holzöfen sind für Pellets ungeeignet. Da die Oberfläche der Pellets zu groß ist, würde es zu großer Qualmbildung kommen. In jüngster Zeit sind allerdings Öfen auf den Markt gekommen, in deren Feuerraum Pellets und Scheitholz verbrannt werden kann. Eine interessante Entwicklung, die es zu verfolgen lohnt!

Verzeichnisse

Literatur

Arbeitsgemeinschaft der deutschen Kachelofenwirtschaft: Der Kachelofen – Behagliche Wärme im ganzen Haus

Arbeitsgemeinschaft der deutschen Kachelofenwirtschaft: Freude am Feuer – Heizknigge für den richtigen Umgang mit Kachelöfen und Kaminen

Bauer-Böckler, H.-P.: Das Buch der Kamine und Kachelöfen. Blottner Fachverlag, Taunusstein 1998

Bayerische Forstverwaltung: Scheitholz – Produktion, Lagerung, Kennzahlen. Merkblatt 20 der Bayerischen Landesanstalt für Wald und Forstwirtschaft, Weihenstephan 2006

Bayerische Forstverwaltung: Der Energieinhalt von Holz und seine Bewertung. Merkblatt 12 der Bayerischen Landesanstalt für Wald und Forstwirtschaft, Weihenstephan 2006

Bayerisches Staatsministerium für Ernährung, Landwirtschaft und Forsten: Wegweiser für den bayerischen Waldbesitzer – Holzeinschlag und Verwertung, München 2000

Binder, Egon: Alles, was scharf macht. Messer, Scheren, Werkzeuge schärfen. Verlag Eugen Ulmer, Stuttgart 2006

Centrale Marketinggesellschaft der deutschen Agrarwirtschaft m.b.H. und Arbeitsgemeinschaft Holz e.V.: Einheimische Nutzhölzer.

Ebert, Hans-Peter: Mit Holz richtig heizen in Ofen, Herd und Kamin. Otto Maier Verlag, Ravensburg 1981

Ebert, Hans-Peter: Holzfeuerung für alle Ofenarten. Fachwissen für Heimwerker. Verlagsgesellschaft Rudolf Müller, Köln-Braunsfeld 1984

Energieschweiz: Anfeuern und Betrieb – gewusst wie! Zürich 1005

Fachagentur Nachwachsende Rohstoffe: Handbuch Bioenergie-Kleinanlagen, 2003

Husqvarna Performance Series: Arbeit mit der Motorsäge – Handbuch zur sicheren und effektiven Benutzung von Motorsägen

Jeni, Kurt: Das neue Buch der Kamine und Kachelöfen. Blottner Fachverlag, Taunusstein 2006

Knigge, Wolgang; Schulz, Horst: Grundriss der Forstbenutzung. Verlag Paul Parey, Berlin 1966

Saarländisches Ministerium für Umwelt: Heizen mit Holz – Brennholzfibel. Saarbrücken 2006

Staatsministerium für Umwelt und Landwirtschaft des Freistaats Sachsen: Heizen mit Holz – umweltfreundlich und wirtschaftlich. Dresden 2003

STIHL: Sicheres Arbeiten mit der Motorsäge. Firmenbroschüre. Stuttgart 2006

Technologie- und Förderzentrum: Rationelle Scheitholzbereitstellungsverfahren, Berichte aus dem TFZ Nr. 11, Straubing 2006

Umweltbundesamt: Die Nebenwirkungen der Behaglichkeit: Feinstaub aus Kamin und Holzofen. Dessau 2006

Waldarbeitsschulen der Bundesrepublik Deutschland (Hrsg.): Der Forstwirt. Verlag Eugen Ulmer, Stuttgart 2004

Adressen

Brennholzbeschaffung
Der Kontakt über den örtlichen Förster ist natürlich meist der schnellste Weg. Daneben bietet sich der Kontakt per E Mail an.

Staatliche Stellen
- **Baden-Württemberg**
  Brennholzverkäufe bzw. Flächenlosvergaben werden im Internet unter den jeweiligen Bezirken angekündigt.
  www.wald-online-bw.de
- **Bayern**
  Brennholzselbstwerbung ist bis zur Erschöpfung des Kontingents möglich, daneben wird aufgearbeitetes 2-Meter-Holz (je nach Region Nadel- oder Laubholz) an der Waldstraße angeboten.
  www.baysf.de
- **Berlin**
  Brennholz in Selbstwerbung ist möglich, ebenso der Kauf von 1 Meter langen Scheiten, die in Raummetern am Waldweg gelagert sind. Ofenfertig gehacktes Holz bieten die Berliner Forsten nicht an, ebenso wenig eine Lieferung frei Haus. Zentrale Kundenberatung:
  www.stadtentwicklung.berlin.de/forsten/waldprodukte/de/brennholz.shtml
- **Brandenburg**
  Brennholz kann in Selbstwerbung gewonnen sowie in 1 Meter langen Abschnitten gekauft werden. Adressenliste der einzelnen Forstbetriebe unter:
  www.luis-bb.de/service/adressen/S7100010/
- **Hamburg**
  Als Selbstwerber kann man professionell gefällte Bäume bzw. von den Forstwirten nicht aufgearbeitetes Kronenholz und Äste oder entsprechendes Holz aus Durchforstungsbeständen aufarbeiten.
  www.forst-hamburg.de/brennholz.htm
- **Hessen**
  Aufarbeitung von dicken Ästen, Baumkronen oder dünnen Stämmen von gefällten Bäumen nach Einweisung. Ofenfertiges Holz wird nicht vermittelt.
  www.hessen-forst.de
- **Lübeck**
  Ofenholz und Kaminholz, sackweise oder in einer Box können online bestellt werden.
  www.luebeck.de/bewohner/umwelt_gesundheit/stadtwald
- **Mecklenburg-Vorpommern**
  Nadel- und Laubbrennholz, Aufarbeitung nach Einweisung in Jungbeständen oder auf Kahlschlägen. Lieferservice von Kaminholz in Säcken oder Brennholz frei Haus.
  www.wald-mv.de
- **Niedersachsen**
  Brennholzselbstwerbung an liegendem und stehendem Holz ist möglich. Aufgesetztes 1 Meter-Brennholz im Bestand hat aufgrund des hohen Preises kaum mehr Relevanz. Am Waldweg lagerndes 2 oder 3 Meter langes Holz steht zum Verkauf.
  www.landesforsten.de
- **Nordrhein-Westfalen**
  Informationen und umfangreiches Material unter: www.wald-und-holz.nrw.de
- **Rheinland-Pfalz**
  Über die Homepage wird man bei Brennholzwünschen zum nächstgelegenen Forstamt geleitet.
  www.wald-rlp.de
- **Saarland**
  Möglichkeit zur Selbstwerbung. Außerdem kann fertig aufgearbeitetes Brennholz direkt beim Saarforst Landesbetrieb auf dem Betriebsgelände des ehem. Bergwerks Warndt in 66352 Großrosseln erworben werden.
  www.saarforst.de
- **Sachsen**
  Angeboten wird Nadelholz oder Nadelholz zum Selbermachen, 2 Meter langes Nadel- oder Laubholzbrennholz oder ofenfertiges Birken- bzw. Birkenkaminholz. Eine Anlieferung erfolgt nicht. Informationen unter
  www.sachsenforst.de
- **Sachsen-Anhalt**
  Informationen unter
  www.landesforstbetrieb.de

- **Schleswig-Holstein**
  Brennholzselbstwerbung ebenso möglich wie Brennholz lang am Waldweg.
  www.herzogtum-lauenburg.de,
  dann Stichwort Brennholz oder Revierförstereien eingeben.
- **Thüringen**
  Wer Brennholz erwerben möchte, wendet sich an die jeweiligen Forstämter; deren Adressen sind unter www.thueringen.de/de/forst/ abrufbar.

Waldbesitzerverbände

- **Dachverband:**
  Deutscher Waldbesitzerverband
  Geschäftsstelle Claire-Waldoff-Str. 7
  10117 Berlin
  Tel.: 030/31807924
  www.agdw.org
- **Forstkammer Baden-Württemberg e. V.**
  Danneckerstr. 37
  70182 Stuttgart
  Tel.: 0711/2364737
  Fax: 0711/2361123
  E-Mail: info@foka.de
  www.foka.de
- **Bayerischer Waldbesitzerverband e. V.**
  Max-Joseph-Straße 9/III RGB
  80333 München
  Tel.: 089/58030-89 oder -80
  Fax: 089/5807015
  E-Mail: bayer.waldbesitzerverband
  @t-online.de
  www.bayer-waldbesitzerverband.de
- **Waldbesitzerverband Brandenburg e. V.**
  Alfred-Nobel-Straße 1 (Haus 26)
  16225 Eberswalde
  Tel.: 03334/59270
  Fax: 03334/594640
  E-Mail: krause@brandenburgwald.de
  www.brandenburgwald.de
- **Waldbesitzerverband Hannover**
  in Niedersachsen e. V.
  Warmbüchenstraße 3
  30159 Hannover
  Tel.: 0511/3670439
  Fax: 0511/3670468
  www.waldbesitzerverband-hannover.de
- **Hessischer Waldbesitzerverband e. V.**
  Taunusstraße 151
  61381 Friedrichsdorf/Ts.
  Tel.: 06172/7047
  Fax: 06172/599253
  E-Mail: info@hesswald.de
  www.hesswald.de
- **Waldbesitzerverband für Mecklenburg-Vorpommern e. V.**
  Dorfstraße 47
  19243 Drönnewitz
  Tel.: 038853/21113
  Fax: 038853/21825
  E-Mail: wbvmv@t-online.de
  www.waldbesitzer-mv.de
- **Waldbauernverband Nordrhein-Westfalen e. V.**
  Kappeler Strasse 227
  40599 Düsseldorf
  Tel.: 0211/1799835
  Fax: 0211/1799834
  E-Mail: info@waldbauernverband.de
  www.waldbauernverband.de
- **Waldbesitzerverband für Rheinland-Pfalz e. V.**
  Burgenlandstraße 7
  55543 Bad Kreuznach
  Tel.: 0671/793114
  Fax: 0671/793199
  E-Mail: dr.schuh@waldbesitzerverband-rlp.de
  www.waldbesitzerverband-rlp.de
- **Saarländischer Privatwaldbesitzerverband e. V.**
  Britterhof
  66679 Losheim-Britten
  Tel.: 06872/2641
  Fax: 06872/6883
  www.privatwaldbesitzerverband-saarland.de
- **Waldbesitzerverband für Sachsen-Anhalt e. V.**
  Storkauer Straße 25
  39596 Staffelde
  Tel.: 03931/717897
  Fax: 03931/717900
  E-Mail: r.reher@freenet.de
  www.wbv-lsa.de
- **Sächsischer Waldbesitzerverband e. V.**
  Geschäftsstelle: Elke Riedel
  Forsthaus Baumwiese
  01468 Boxdorf b. Dresden
  Tel.: 0351/4609004
  Fax: 0351/8363623

Adressen

E-Mail: info@waldbesitzerverband.de
www.waldbesitzerverband.de
- **Schleswig-Holsteinischer Waldbesitzerverband e. V.**
  Hamburger Straße 115
  23795 Bad Segeberg
  Tel.: 04551/959827
  Fax: 04551/959840
  E-Mail: wbv-sh@gmx.de
- **Waldbesitzerverband für Thüringen e. V.**
  Weidigstr. 3a
  99885 Ohrdruf
  Tel.: 03624/313880
  Fax: 03624/315146
  E-Mail: Waldbesitzerverband.Thueringen @t-online.de
  www.wbv-thueringen.de
- **Waldbesitzerverband Weser-Ems e. V.**
  Am Schölerberg 7
  49082 Osnabrück
  Tel.: 0541/501-2084
  Fax: 0541/501-4427
  E-Mail: waldbesitzer.weser-ems@t-online.de

Bezug von Brennholz, Holzpellets und Holzbriketts
- **Gesamtverband Deutscher Holzhandel**
  www.holzhandel.de
  www.bundesverband-brennholz.de
  (Link: Mitglieder)
- **www.brennholz.com**
- Adressenliste über die EnergieAgentur NRW
  www.energieagentur.nrw.de/
  aktion-holzpellets/anbieter.asp
- Internationales Wirtschaftsforum
  Regenerative Energien
  www.iwr.de

Motorsägenführerschein
Anfragen können grundsätzlich an die für die Landwirtschaft zuständigen Ämter in den jeweiligen Bundesländern gerichtet werden. Auch die auf Seite 103 genannten Verbände erteilen Auskünfte. Die nachfolgende Liste erhebt keinen Anspruch auf Vollständigkeit!

- **Baden-Württemberg**
  Ansprechpartner sind die unteren Forstbehörden an den Landratsämtern und die forstlichen Stützpunkte.
  Forstliches Ausbildungszentrum Mattenhof,
  Mattenhofweg 14, 77723 Gengenbach,
  Tel. 07803/93980, www.fbz-mattenhof.de
  Forstliches Bildungszentrum Königsbronn,
  Stürzelweg 22, 89551 Königsbronn,
  Tel. 07328/960313, www.fbz-koenigsbronn.de
  Forstliches Bildungszentrum Karlsruhe,
  Richard-Willstätter-Allee 2, 76131 Karlsruhe,
  Tel. 0721/9263391, www.fbz-karlsruhe.de
- **Bayern**
  Kurse veranstaltet die Bayerische Waldbauernschule Kelheim, Goldbergstr. 10,
  93309 Kelheim, Tel. 09441/6833-0,
  www.waldbauernschule.de
- **Brandenburg**
  Auskünfte über: Waldarbeitsschule Kunsterspring, WAS Kunsterspring 3–5,
  16818 Kunsterspring, Tel. 033929/70205
- **Hessen**
  Motorsägen-Seminare werden durch die jeweiligen Forstämter oder die mobilen Waldbauernschulen veranstaltet. Auskünfte unter:
  Landesbetrieb Hessen-Forst, Bertha-von-Suttner-Str. 3, 34131 Kassel-Wilhelmshöhe,
  Tel. 0561/31670; www.hessenforst.de
- **Mecklenburg-Vorpommern**
  Schulungen werden von den Forstämtern des Landes ausgerichtet. Anschriftenverzeichnis unter:
  Landesforst, Fritz-Reuter-Platz 9, 17139 Malchin, Tel. 03994/2350; www.wald-mv.de/
  organisation/struktur/anschriften.html
- **Niedersachsen**
  Auskünfte erteilt das Niedersächsische Forstliche Bildungszentrum Münchehof, Sautalstr. 5,
  38712 Seesen-Münchehof, Tel. 05381/9850-0,
  poststelle@nfbz.niedersachsen.de
- **Nordrhein-Westfalen**
  Kurse veranstaltet die Waldarbeitsschule Neheim, Alter Holzweg 93,
  59755 Arnsberg-Neheim, Tel. 02932/981-0;
  waldarbeitschule@wald-und-holz.nrw.de

- **Rheinland-Pfalz**
Jedes staatliche Forstamt bietet Kurse an. Auskünfte erteilt auch das Forstliche Bildungszentrum der Landesforsten (FBZ), Hacheburg, In der Burgbitz 3, 57672 Hachenburg, Tel. 02662/95470; ZdF.FBZ@wald-rlp.de
- **Saarland**
Lehrgänge von Anfang Oktober bis Ende April in der Waldarbeiterschule im SaarForst-Dienstleistungszentrum, Im Klingelfloß, 66751 Eppelborn, Tel. 06881/96020, www.saarforst-saarland.de
- **Sachsen**
Lehrgänge werden in den einzelnen Forstbezirken abgehalten, oft werden sie von der Mobilen Waldbauernschule ausgerichtet. Kontakt: Förderwerk Land- und Forstwirtschaft Sachsen e.V. Kornstr. 6, 02625 Bauzen, Tel. 03591/42481; info@foerderwerk-landoforst.de oder www.forsten.sachsen.de
- **Sachsen-Anhalt**
Forstwirtschaftsschule Sachsen-Anhalt, Forststr. 3, 39291 Magdeburgerforth, Tel. 039225/969-0
- **Schleswig-Holstein**
Termine der Schulungen können unter Eigenbetrieb Kreisforsten, Farchauer Weg 7, 23909 Farchau, Tel. 04541/86150; www.kreisforst.de erfragt werden.
- **Thüringen**
Lehrgangsprogramme über das Forstliche Bildungszentrum, Töpfergasse 27, 98708 Gehren, Tel. 03678/88721; fbz.gehren@forst.thueringen.de

Forstausrüstung
Ausrüstung für die Forstarbeit erhalten Sie in Baumärkten sowie bei:
GRUBE KG Forstgerätestelle
Hützeler Damm 38
29646 Hützel
Tel.: 05194/900-0
Fax: 05194/900-270
www.grube.de

Arbeitssicherheit/Gesundheit
Unfallverhütungsvorschriften
www.praevention.lsv.de/vsg/vsg4_3/INHALT.Htm

Zecken
Informationen über Zecken und eventuelle Impfungen erhalten Sie beim Hausarzt oder unter: www.zecken.de

Bausatz für Holzschuppen
Kurt Paulmann
Tel.: 06881/96020
E-Mail: kurt.paulmann@saarforst.saarland.de

Ofenbau
Arbeitsgemeinschaft der Deutschen Kachelofenwirtschaft (AdK)
Rathausallee 6
53757 Sankt Augustin
Tel.: 02241/203979
www.kachelofenwelt.de

Bundesverband des Schornsteinfegerhandwerks
Westerwaldstr. 6
53757 Sankt Augustin
Tel.: 02241/34070
www.schornsteinfeger.de

Initiative Pro Schornstein e. V. (IPS)
Immanuel-Kant-Weg 5a
84478 Waldkraiburg
Tel.: 08638/880-230
www.proschornstein.de

Gütegemeinschaft Kachelofen e. V.
Oranienstraße 7
60439 Frankfurt
Tel.: 069/57 52 39
E-Mail: ggk@net-art.de
www.gzko.de

Register

Abfuhrwege 32
Abklotzen 57
Ablängen 65
Ablängstab 45
Ahorn 13
Anfeuern 81
Antivibrationsgriffe 38
Arbeitsfeld 53
– absichern 54, 58, 60
– freiräumen 56
Arbeitsorganisation 53
Ätherische Öle 9
Aushaltung (Holz) 23
Axt 45, 69

Baumarten
– Eigenschaften 12ff
– Spaltbarkeit 68f.
Birke 13
Borkenkäfer 72
Borrelliose 33
Brennmaterial (Ofen) 83
Brennwert 11
Brennwertkessel 10f.
Bruchleiste 58, 60
Buche 14
Bügelsäge 47
Bundesimmissionsschutz 82, 85, 90, 100
Bundesverband Brennholz 30
Bürgerholz 30

Cellulose 9
Cheminée 95

Dachschnitt 58
Durchforstung 6
Durchmesser (Holz) 26

Eiche 14
Einschlag (Holz) 12
Elektrosäge 35
Entastung 51, 62
– Hebeltechnik 63
– Kronen 64
– mit Axt 62
– mit Motorsäge 62f.
– Qualität 26
Erdgas 21
Erdöl 21
Erlaubnisschein 32
Erle 15
Esche 15

Fächerschnitt 59
Fahrerlaubnis 54
Fällarbeiten 55
– Stock unter 15 cm 57
– Stock über 15 cm 58
– mit Fällheber 59
– mit Keil 59
– Warnruf 58, 60
Fällaxt 45
Fällheber 44, 64
Fällkeile 45
Fallkerb 58
Fällrichtung 58
Feinstaub 90
Festmeter 25
Feuchtemesser 12
Feuchtigkeitsbestimmung 12
Feuermachen 81ff.
– Anzünden 82
– Luftzufuhr 82
– Primärluft 83
– Restfeuchte 82
– Sekundärluft 84
– Vorbereitung 81
Fichte 16

Flächenlos 23, 28
– Beurteilung 23
Flaschenbauch 55
Förmigkeit 26
Forstbetriebsgemeinschaft 30
FSC-Zertifikat 24
FSME 33
Funkenflug 31
Funkenvorlage 89

Gashebelsperre 38
Gewichtsverkauf (Holz) 23, 24
Gitterbox 75
Grundkachelofen 97ff.
– Gewicht 98

Hackschnitzel 18, 20f. 24, 25
Haftpflichtversicherung 54
Hainbuche 16
Handpackzange 46
Handschuhe 37
Hänger 57, 60
– Abhebeln 61
– Herunterdrehen 60
Hartholz 10
Harze 9
Helm 43
Hemicellulose 9
Holz
– Bestandteile 9
– Chemie 9
– Dichte 10
– Energiegehalt 9f.
– Feuchtigkeit 11
– hacken 68
– Heizwert 9, 29
– klein schneiden 67f.
Holzaufnahme 34
Holzbeige, freistehende 73
Holzbrikett 18, 24

– Brennwert 20
– Herstellung 20
– Lagerplatz 20
– Lieferung 25
– Zertifizierung 20
Holzessig 11
Holzgase 84
Holzlieferanten 29ff.
Holzmaße 24ff.
Holzmiete 74
Holzschuppen 73f.
– Bauanleitung 73
Holzteer 10
Holzverkauf 23ff.
Holzzentralheizung 90
– Hackschnitzelelkessel 99
– Pellet-Zentralheizung 98
– Stückholzkessel 99f.
Hypokaustenheizung 79f., 98

Kacheln 96
Kachelofen 97ff.
Kamin 86
Kamin, geschlossener 93f., 95
Kamin, offener 31
Kaminkehrer 86, 91
Kaminofen 95f
Keile 45f.
Kernholz 13
Kette schärfen 40f.
Kettenbemse 37, 48
Kettenfangbolzen 38
Kettenschutz 38
Kickback-Risiko 37, 51
Kiefer 17
Kleinfeuerungsanlagen-
   verordnung 85
Kohleofen 91
Kombikanister 44
Kombinationsschlüssel 44
Kommunalwald 30
Krallenanschlag 37, 49, 58

Lagerkapazität 20
Lagerplatz 71
– Abdeckung 71
Lärche 17
Leseschein 28
Lignin 9
Linde 18
Losholz 30
Lufttrocken 12

Maschinenring 68
Motor, gefluteter 48
Motorsäge
– anlassen 47f.
– Aufbewahrung 38
– benzinbetriebene 37f.
– betanken 38
– Elektrosäge 35
– Ergonomie 37
– halten 49
– Kettenöl 39
– Kickback-Gefahr 37, 51
– Kraftstoff 39
– Leistung 37
– Ölversorgung, Text 39
– Rüstzeit 54
– Schnitttechnik 49
– Schwert 39
– Sicherheitseinrichtungen
   37f.
– Transport 54
– Wartung 41
Motorsägenführerschein 30
Motorsägenreparaturen 41ff.
– Luftfilter reinigen 41
– Sommer-Winter-Betrieb 41
– Stockender Motor 42
– Vergaser überprüfen 42
– Zündkerzen-Check 42

Nachhaltigkeit 4, 23
Nachheizflächen 79, 81

Ofen 76ff
– Funkenvorlage 89
– Größe 89
– Heizeinsätze 93, 96
– Heizleistung 89
– Heizzüge 97
– Konvektionswärme 79
– Luftzufuhr 87, 89
– reinigen 87, 98
– Sicherheitsabstand 89
– Speichermasse 79
– Standort 87
– Strahlungswärme 77
– Temperaturregulierung
   89
– Untergrund 87
– Wärmeabgabe 77
– Wärmeerzeugung 76
– Wärmeleitung 77
– Wärmespeicherung 79,
   96
– Wartung 91

Packzange 46, 65
Papier 81
Pappel 18
PEFC-Zertifikat 23
Pelletheizung 90, 91
– Förderung, staatliche 99
Pelletofen 99ff.
Pellets 18, 24
– Anlieferung 24
– Bestandteile 19
– Brennwert 19
– Dichteprüfung 20
– Zertifikat 20, 24
Pellet-Zentralheizung
   98
Pilze, holzzerstörende
   55, 61f, 71
Polyosen 9
Privatwald 30

Rauchgase 11
Rauchgaszüge 79
Raummeter 26
Reisignutzung 29
Reisschlag 28
Restholz 7, 19
Rinde 13
Rolltischsäge 68
Rotfäule 55, 61f.
Rückegassen 33, 53
Rückelinien 55
Rücken 56

Sägebock 65,66
Schadholz 32
Schädlinge 7
Schamottesteine, 79, 96
Scheitholz 18
Schnittschutzhose 43
Schnitttechniken, Motorsäge
– Fächerschnitt 50
– auslaufende Kette 50
– einlaufende Kette 50
– Kickback-Gefahr 51
Schornstein 86, 93
– Bau 87
Schornsteinfeger 12
Schüttraummeter 27
Schutzausrüstung 35, 42ff.
Schutzhandschuhe 43
Schwedenofen 95
Selbstwerber 6f., 23, 31f.

Sicherheitskette 27
Sicherheitsschuhe 43
Sohlenschnitt 58
Sommerholz 18
Spaltaxt 45, 69
Spalthammer 69
Spaltkeil 45, 69
Spaltmaschinen 70f.
Spaltvorgang 68
Spannungen im Holz 51
– Trennschnitte 52
Speckstein 79, 96
Speichermasse (Ofen) 79
Splintholz 13
Staatsforst 29
Stammholz 25
Stoppschalter (Motorsäge) 37
Strahlungswärme 77

Tanne 18
Totholz 32
Treibhausgase 5
Trennschnitte 52, 65
Trocknen (Holz) 23, 67ff.
– Lagerplatz 71
Trocknungszeiten der Baumarten 67

Umrechnung Verkaufsmaße 27
Unfallverhütung 35
Unfallversicherung 55

Verbandskasten 44
Verbrennungstemperatur 11
Verkaufsmaße 27
Versottung 84
Versteigerung 28
Verstocken 67
Volumenverkauf Holz 23
Vorliefern 46

Wald, Orientierung 54
Waldbesitzervereinigung 30
Waldbewirtschaftung 5
Waldpflege 5f.
Waldsterben 4
Waldwachstum 5
Wärmeabgabe 76
Wärmeerzeugung 76
Wärmespeicherung 79
Wärmetauschflächen 79
Warmluftkachelofen 96f.
Warnruf 58, 60
Wassergehalt, Holz 10
Wasserregister 81
Weichholz 10
Weide 18
Wendehaken 44, 60, 64
Wippkreissäge 68
Wuchskraft (Wald) 29

Zecken 33ff.

Bildquellen

Titelfoto: iStockphoto.com
AdK/Gutbrod: Seite 96
AdK/Hagos: Seite 93 (3 oben rechts)
AdK/Leda: Seite 80, 97
AdK/Oranier: Seite 88, 94
AdK/Wodtke: Seite 19, 78, 90
AdK/Zehendner: Seite 92
Jean-Denis Godet, CH-Hinterkappelen: Seite 13, 14 links, 14 rechts, 15 links, 15 rechts, 16 links, 16 rechts, 17 links, 17 rechts (2 unten rechts)
Firma Grube, Hützel: Seite 68
Frank Julke, Arnstein: Seite 7, 55, 64 oben, 64 unten, 69
Kuratorium für Waldarbeit: Seite 35 (Prüfsiegel Eichel)
Markus Neufanger, München: Seite 1 (2 oben rechts), 25, 26, 66, 70, 72 oben (3 unten links), 72 unten, 77, 82, 83, 84
STIHL: Seite 36, 37, 38, 39, 43, 44 oben, 44 unten, 45 (2 unten rechts), 46, 47 (3 oben links), 49, 52
Stephan Thierfelder, Würzburg: Seite 4 (2 oben links), 6, 8 (3 unten rechts), 31, 32
Waldarbeitsschule Kelheim: Seite 40, 54, 57, 58, 59, 60, 62, 65

www.holzmiete.de: Seite 74

Die Grafiken fertigte Helmuth Flubacher, Waiblingen, nach Vorlagen der Autorin.

Ein herzliches „Danke"

- an Michael Toplak, Geschäftsführer der Arbeitsgemeinschaft der deutschen Kachelofenwirtschaft, für seine kritischen Bemerkungen und wertvollen Ratschläge zum Themenbereich Ofen,
- an die Bayerische Landesanstalt für Wald- und Forstwirtschaft in Freising sowie an das Technologie- und Förderzentrum in Straubing für die zur Verfügung gestellten Grafiken und Tabellen,
- an das Unternehmen STIHL sowie die Waldbauernschule Goldberg, insbesondere Herrn Kutscher, für das hervorragende Bildmaterial rund um die Motorsägenarbeit,
- an Frank Julke für viele praktische Tipps, Anregungen und Vorschläge zur Gliederung,
- an meinen Mann, Markus Neufanger, für zahlreiche Diskussionen zu jeder Tages- und Nachtzeit, kritisches Feedback sowie wiederholte sanfte „Erdung" nach wissenschaftlichen Höhenflügen.

Die in diesem Buch enthaltenen Empfehlungen und Angaben sind von der Autorin mit größter Sorgfalt zusammengestellt und geprüft worden. Eine Garantie für die Richtigkeit der Angaben kann aber nicht gegeben werden. Die Autorin und der Verlag übernehmen keinerlei Haftung für Schäden und Unfälle.

Feuerungsanlagen für Biomasse und Pellets

nolting
Holzfeuerungstechnik

umweltfreundlich
leistungsstark
komfortabel
ggf. förderfähig

- **Handwerk**
- **Industrie**
- **Landwirtschaft**
- **Gartenbau**
- **... und alle, die viel Energie benötigen**

Vorschubrostfeuerung Typ VRF
für Biomasse und Pellets

Unser Q Z S Lieferprogramm

- Kesselanlagen von 45 - 2.300 kW
- handbeschickte Stückholzkessel
- Unterschubfeuerungen
- Vorschubrostfeuerungen
- Schrägrostfeuerungen
- Siloaustragungen
- Staubabscheider
- Zubehör für Feuerungen und Kesselanlagen

Nolting Holzfeuerungs-technik GmbH
Aquafinstraße 15
D-32760 Detmold

Tel.: +49 (0)5231/9555-0
Fax: +49 (0)5231/9555-55
E-Mail: info@nolting-online.de
Internet: www.nolting-online.de

Q Z S
Qualität
Zuverlässigkeit
Sicherheit

Die neue komfortable Allround-Tisch-Wipp-Säge für Längs- und Querschnitt. Mit besonders leichtgängiger und stabiler Wippe und 700 mm Sägeblatt. Kompakt und robust für praktische und sichere Bedienung.

POSCH GMBH • A-8430 LEIBNITZ • TELEFON: 03452/82954
E-MAIL: LEIBNITZ@POSCH.COM • WWW.POSCH.COM

Holzbearbeitung

Werkbuch Holz. (Sonderausgabe). Declan O'Donoghue.
2. Aufl. 2005. 232 S., 900 Farbf., 8 sw-Fotos, 100 Strichzeichn.,
3 Übersichtskarten, geb. ISBN 978-3-8001-4829-5.

Einfach und praktisch

Holz ist im Garten ein vielseitig einsetzbarer und ein natürlicher Baustoff, der bei der Gartengestaltung traditionell eine entscheidende Rolle spielt. **Er eignet sich für die unterschiedlichsten Bereiche im Garten** – als Bodenbelag ebenso wie für Spielgeräte, für Lärmschutzwände, Zäune oder Pergolen, gleichfalls für Gartenmöbel oder Carports.

Bauen mit Holz im Garten. Peter Mair. 2004. 167 S., 99 Farbf., 39 Zeichn., 20 Tab., geb. ISBN 978-3-8001-4489-1.

Ulmer

Komfortabel heizen. Mit Holz!

Heizanlagen für
- Stückholz
- Hackschnitzel, Späne
- Pellets

Qualität Produkte aus Bayern

HDG Bavaria GmbH
Siemensstraße 22
D-84323 Massing
Tel. +49(0)8724/897-0

hdg-bavaria.com

Bibliografische Information der Deutschen Nationalbibliothek
Die Deutsche Nationalbibliothek verzeichnet diese Publikation in der Deutschen Nationalbibliografie; detaillierte bibliografische Daten sind im Internet über http://dnb.d-nb.de abrufbar.

Das Werk einschließlich aller seiner Teile ist urheberrechtlich geschützt. Jede Verwertung außerhalb der engen Grenzen des Urheberrechtsgesetzes ist ohne Zustimmung des Verlages unzulässig und strafbar. Das gilt insbesondere für Vervielfältigungen, Übersetzungen, Mikroverfilmungen und die Einspeicherung und Verarbeitung in elektronischen Systemen.

© 2008 Eugen Ulmer KG
Wollgrasweg 41, 70599 Stuttgart (Hohenheim)
E-Mail: info@ulmer.de
Internet: www.ulmer.de
Lektorat: Anke Ruf
Herstellung: Thomas Eisele
Umschlagentwurf: Atelier Reichert, Stuttgart
Satz: Typomedia GmbH, Ostfildern
Druck und Bindung: fgb Freiburger Grafische Betriebe
Printed in Germany

ISBN 978-3-8001-5610-8